すぐに実践したくなる

すごく使える社会心理学テクニック

SOCIAL PSYCHOLOGICAL TECHNIQUES

内藤誼人

日本実業出版社

まえがき

「社会心理学って、いったいどんな学問なのだろう?」

そう思う人もいると思いますので、まずは社会心理学という名称について簡単に説明させてください。

最近は、2つ以上の学問の研究領域がお互いに重なることが多くなりました。そのため混乱する読者も多いと思うのですが、2つ以上の学問が融合されるときには、だいたい名前の後ろにくっついているほうがメインになるのだと思って間違いありません。

たとえば、「心理経済学」という学問は、どちらかというと「経済学」ですし、似たような名前の「経済心理学」という学問は、どちらかというと「心理学」なのだろう、ということがわかるわけです。

本書『すごく使える社会心理学テクニック』はといいますと、社会学と心理学が融合した内容の本で、しかも社会学よりは、どちらかというと心理学よりの内容なのだな、と思ってくだされればよろしいかと思います。

本書で取り上げるテーマは、文化、国家、組織、政治、経済、結婚、教育、法律、流行といった社会現象ですが、それらを心理学のアプローチで分析してゆくのが本書の目的です。

なんだかいきなり堅苦しい話からスタートしてしまいましたが、専門書ではありませんので、どうぞ気楽に読み進めていただければ幸いです。

たとえば、

○避妊に対する態度は文化によって違う
○あおり運転を防ぐ車のカラーは何色？
○男性には愚痴を言うだけムダ
○株で大儲けするのは難しい
○人に教えるときに絶対にやってはいけないこと

といったことが、社会心理学では明らかになっており、本書でたくさん紹介しています。

本書には、難しい数式とか、統計記号のようなものは出てきません。ごく普通の日常語だけで話を進めていきますので、安心してください。肩ひじを張らず、だれでも楽しく読んでいただける内容にしました。

「社会学」の本も、「心理学」の本も、これまで1冊も読んだことがない人でも心配はいりません。むしろ、本書をきっかけに「社会心理学」という学問に少しでも興味を持っていただきたいという気持ちで本書を執筆しました。

もともと社会学も、心理学も、私たちの暮らしや活動に大きくかかわっている学問ですので、抽象的な内容でよくわからないということはありません。だれにとっても思い当たることばかりだと思います。

普段、何気なく私たちが見過ごしているようなことでも、心理学的にメカニズムを説明されると、「へえ〜、それは知らなかった！」と思わず膝を叩いてしまうような、知的興奮を味わうことができるでしょう。

それでは前置きはこれくらいにして、さっそく話を開始しましょうか。

どうか最後までよろしくお付き合いください。

２０２４年５月

内藤誼人

CONTENTS

第2章 パーソナリティ・人間関係の心理学

第3章 経済・ビジネスの心理学

第4章 認知・感情の心理学

第5章 教育・学習の心理学

第6章 健康・幸福の心理学

ブックデザイン 相原真理子
イラスト 杉崎アチャ
DTP ダーツ

第1章

社会・文化の心理学

01

環境が厳しいところほど、ルールも罰も厳しい

日本という国は、とても恵まれた国です。飲み水はいくらでも豊富にありますし、土壌は肥えているのでどんな作物も育てることができます。また周囲を海に囲まれた島国ですので、他国からも攻め込まれにくいという、ありがたい特徴も備えています。

ところが世界に目を向けると、生きていくのさえ困難なほど厳しい環境の国はいくらでもあります。

米国メリーランド大学のミシェル・ゲルファンドは、とてもおもしろい仮説を思いつきました。

厳しい環境で生きていかなければならない国ほど、社会のルールも厳しくなるのではないか、という仮説です。環境が厳しければ、そこで暮らす人々の精神構造も厳しくなり、それが社会のルールの厳しさにも反映するのではないか、というのです。

日本はというと、とても暮らしやすいので、そういう国では、人々の精神構造ものんびり、おっとりしたものになるでしょう。社会のルールもそんなに厳しくなく、かりに違反者がいた

としても、「まあ、今回は大目に見てやろう」ということになりやすいとゲルファンドは考えたわけです。

そこでゲルファンドは、スペイン、ベネズエラ、パキスタン、インド、日本などの33か国について調べてみたのですが、まさに仮説通りであることがわかりました。

資源に乏しく、人口が過密で、歴史的に隣国と国境を争うことも多く、風土病が多い国ほど、つまり生きていくのに厳しい環境の国ほど、社会のルールが多くて、しかも違反者への罰則も厳しかったのです。

日本の女性は、自分の好きな服を着ることができますが、世界には、「女性は露出の多い服を着てはダメ」といったルールを設けている国が少なくありません。違反などしようものなら、非常に厳しい罰が待っています。

よく日本人は、「平和ボケ」しすぎているといわれることがありますが、それは私たちが悪いのではありません。

日本人が平和ボケしているのは、それだけ日本が豊かで、恵まれた国だから。生きていくのがそれほど厳しくもない国では、どうしても精神構造がのんびりしてしまうのはしかたがないという側面もあるのです。

つくづく日本という国に生まれてよかったな、と私たちはこの幸運に感謝しなければなりません。

世界を見ると、「どうしてこんなに厳しいルールがあるのだろう?」と思ってしまうこともありますが、そういう国は、厳しい環境で生き延びていかなければならず、そのためにどうしても厳しい法律やルールが必要だったのだ、という歴史的な背景についても考慮してあげる必要があるのです。

02

同じ国内でも、ルールの厳しさには違いがある

生きていくうえでの環境が厳しいところでは、社会のルールも厳しくなる傾向があるという話をしました。

では、同じ国内ではどうなのでしょう。

国土が大きい国になりますと、西と東、あるいは北と南の地域では、自然環境も変わってくるでしょうし、人口や経済規模などにも差が見られます。ということはつまり、厳しい場所ほどルールも厳しくなるのでしょうか。

メリーランド大学のジェシー・ハリントンは、1976年から2011年までの期間で、アメリカの州ごとに、学校で体罰が許されているか、校則違反で罰せられる生徒がどれくらいいるのかを調べてみました。学校のルールの厳しさに得点をつけてみたわけです。

その結果、**体罰が厳しい州は、1位がミシシッピ州、2位がアラバマ州、3位がアーカンソー州ということがわかりました。これらの州は、自然災害（洪水や竜巻など）での死亡者数が多く、資源も乏しく、病気が多く、幼児死亡率も高いことで知られている州**です。

生きていく環境が厳しい州では、学校の校則も厳しくなる傾向が明らかにされたといえます。

ちなみに、学校での体罰が許されていない州は、カリフォルニア州（50位）、オレゴン州（49位）、ワシントン州（48位）なのですが、これらの州は、あまり災害もなく、生きていくのにそんなに苦労をしない州です。

先ほど、厳しい国ほど、ルールも厳しくなる傾向があるという話をしましたが、同じ国内でも、アメリカのように州ごとに法律が違う国では、地域によってその厳しさに差が出てくるのです。

生きていくのに苦労をする地域では、法律やルールも厳しくなる傾向があります。

というわけで、旅行に出かけたり、留学したりする場合には、その国の自然環境や経済環境の厳しさなどをちょっと調べておくとよいかもしれません。

自分でも気がつかないうちに法律違反をしてしまうかもしれませんから。

「そんなルールがあるとは知らなかった！」ではすまされないことがありますので、もし他の国に出かけることがあるのなら、そういうところも確認しておいたほうが安心でしょう。

03

銃規制があるほうが安全？

アメリカでは、銃の保持が憲法で認められています。合衆国憲法の修正第2条には、「人民が武器を保有し、携行する権利は、これを侵してはならない」と明記されているのです。

銃を保持するのは、自分の身を守るためだといわれれば、なんとなく納得させられてしまいますが、実際の統計を見ると、銃は殺人や自殺に使われることのほうが多いのです。明らかに銃は規制したほうがみんなのためなのです。

メリーランド大学のコリン・ロフティンは、1976年にコロンビア特別区（ワシントンD.C.）での銃の販売や所有などが規制されたときに、どのような変化が社会に見られるのかを調べてみました。

その結果、法律が施行される前には1か月に13件の殺人事件があったのですが、施行後は9・7件に減りました。また、アメリカでは銃を使った自殺が多いのですけれども、銃の保持が厳しくなると、自殺者の数も減りました。

もうひとつ別の研究もご紹介しましょう。

イリノイ大学のエドワード・ディーナーは、ジャマイカでとても厳しい銃規制の法律が施行される前後での犯罪の統計を調べてみたのです。

ジャマイカでの銃規制では、銃の保持はおろか、テレビや映画でも銃撃戦のシーンなどは検閲対象になりました。相当に厳しく取り締まったのです。

法律が１９７４年４月１日に施行されてから１年後の統計を調べてみると、**殺人事件は前年より1％減、レイプ件数は32％減、強盗が25％減**となりました。

これらの研究からすると、「わが身を守るため」という理由はあっても、銃は厳しく取り締まったほうがよいということがわかります。

銃が手元にあれば、どうしても触りたくなります。人を撃ってみたいという気持ちにもなりやすくなります。

そもそも銃がなければ、銃を使って何かをしようという気持ちにはなりません。

銃は自宅に置いておかないほうが絶対によいのです。

ありがたいことに日本では銃の保持を厳しく禁止しておりますので、殺人や自殺に銃が使われることはめったにありません。そういう社会だからでしょうか、日本は他の国に比べても圧倒的に安心な社会だといえるでしょう。

04

気温と犯罪率の関係

温暖化の影響なのでしょうか、最近の夏は本当に暑くなりました。連日35度を超える猛暑日も当たり前になりましたし、身体中が汗まみれで、不快な思いをする人も少なくないでしょう。暑いと、それだけでイライラするものです。

ほんのささいなことにも腹が立ちやすくなります。

普段はとても理性的な人なのに、暑い日にはその理性が働かず、気に入らない人がいると、心の中で「刺し殺してやろうか」と物騒なことを考えることがあるかもしれません。

だれでも暑いとイライラするということからすると、ひょっとして気温の高さと犯罪率にも関係があったりしないのでしょうか。

実は、あるようです。

米国ミズーリ大学のクレイグ・アンダーソンは、1950年から1995年までのアメリカの50の都市の年間平均気温と犯罪率を調べてみました。

すると、**暑い都市ほど、凶悪犯罪（強盗、殺人）の発生件数が多くなる**ことがわかりました。

気温が高くなると、ムシャクシャする人も増えますので、犯罪も起きやすくなるのだと考えてよいでしょう。ただし、犯罪といってもアンダーソンの調査によりますと、財産犯罪（窃盗や泥棒など）は、気温と関係はありませんでした。

気温が高くなると凶悪な犯罪が増えるのです。

したがって、天気予報で「明日は猛暑日となるでしょう」と伝えられたら、「こりゃ、犯罪も増えそうだから気をつけないと」と身を引き締めておくのが正解です。おかしな犯罪に巻き込まれないよう、イライラした人には近寄らないようにしたほうがいいかもしれません。

気温が高い日には、衝動的に人を殴ってしまうとか、モノを投げるとか、そういう暴力的な行動をする人が増えます。ちょっと肩がぶつかっただけのような、ものすごくつまらない理由でケンカを吹っかけてくる人も増えるでしょう。

また、相手だけでなく、こちらも相当にイライラしていることでしょうから、ケンカにならないように注意が必要です。売り言葉に買い言葉で応じてはいけません。そのあたりにある鈍器で殴られでもしたら、生命にかかわります。

屋内はたいてい冷房が効いているので、さほど心配はいらないでしょう。危険なのは、屋外。暑さで不快感が高まることは間違いないので、外出時にはくれぐれも注意してください。

05

差別の心は、経済状況によって変わる

差別は絶対にしてはいけませんが、そうはいっても差別の心が強くなるかどうかは、経済状況によって変わるという事実も知っておかなければなりません。

もし世界中のすべての国で貧困がなくなれば、おそらくは差別もなくなるでしょう。「金持ち喧嘩せず」という言葉もありますが、みんなが豊かになれるのなら、差別もなくなるだろうと予想できます。

そもそも、なぜ差別が生まれるのかというと、**私たちは自分の貧しい境遇の責任を、他の人になすりつけることによって心理的な安寧を図ろうとする**からです。「私がこんなに安月給なのは、あいつらのせいだ」と思えば、自分の貧しさを正当化できます。

米国エモリー大学のエミリー・ビアンキは、2年おきに行われるアメリカ・ナショナル・エレクション・サーベイから、3万189名の白人が、黒人をどう評価しているのかというデータを抜き出して分析してみました。なお経済状況は、失業率を使いました。GDPや株式市場の指標は、あまり経済のトレンドと一致しないので失業率を使ったのです。

その結果、**経済状況が悪くなると、白人は、黒人を悪く評価するようになる**ことがわかりました。

経済が好調のときには、白人も黒人に悪い感情はそんなに持ちません。ところが、いったん経済が悪くなってくると、差別の心がむくむくと湧き上がってしまうようです。

経済状況の好不調によって、差別の心の強度も知ることができるかもしれません。

中国が日本の海産物を全面禁輸したり、中国に住んでいる日本人を差別したりするのは、おそらくは国内の経済があまりうまくいっていないからでしょう。もし国内の経済がうまく回っているのなら、もっと友好的な態度を見せてくれてもよいはずですから。

中国の経済統計はあまり当てにならないという話も聞きますが、日本に対する態度の厳しさを調べれば、中国の経済状況がどれくらい悪いか間接的に推測することができるでしょう。

人種差別やゼノフォビア（外国人に対する嫌悪感）は、できるだけなくなってほしいと心から思うのですが、差別の心が経済状況にかなり大きく依存していることからすれば、なかなか根絶は難しいのではないかと思います。

悲観的な結論になってしまって申し訳ないのですが、世界のどの国も経済がよくなり、豊かな社会になってくれることを切望します。

06

私たちは時代の影響も受ける

私たちは、どのような時代に生まれたのか、どのような時代に思春期を迎えたかによって、モノの考え方や価値観が変わってくるものです。時代的な背景が変わると、当然、価値観は変わります。日本人だからみんな一緒、というわけにもいかないのです。

カリフォルニア大学バークレー校のウルリケ・マルメンディアは、株を積極的にやろうとするかどうかは、青年時代の影響を受けるという報告をしています。

マルメンディアは、アメリカ人のお金の使い方を調べた「消費者金融調査」の50年分のデータを分析してみました。その結果、**1950年代に生まれた人は、10代から20代のときに、株価がほとんど変わらない時代を経験したため、あまり株をやらない**ことがわかりました。

ところが**1970年代に生まれた人は、10代から20代に、アメリカの代表的な株価指数である「S&P500」(スタンダード・アンド・プアーズ500種)の価値が10倍も増える経験をしています。そのためでしょうか、この世代の人は投資に積極的にお金を使うそうです。**株で儲ける時代でしたから、「株をやれば儲かる」という価値観が刷り込まれたのでしょう。

私たちは、自分が暮らしている社会の影響も受けますが、時代の影響も受けているのです。

どんな時代を生きたかによって、価値観も大きく違います。

私はというと、ちょうど**「スポ根ブーム」**と呼ばれる時代の影響を受けました。

若い人は、「スポ根」と聞いてもピンとこないかもしれませんが、「スポーツ」と「根性」の合成語です。1960年代から1970年代くらいまで、スポ根の漫画やドラマが人気でした。「巨人の星」、「アタックNo．1」、「エースをねらえ！」などがその代表でしょうか。

「歯をくいしばって耐える」

「努力は人を裏切らない」

「絶対に弱音を吐くな」

こういう価値観を刷り込まれたため、私と同じ世代の人たちには、たぶん頑張り屋さんが多いのではないかと思います。

「ゆとり教育」が行われたときには、私たちの世代はものすごく大きな反発を感じました。私たちが信じる努力と根性の価値観とはまったくそぐわないからです。

私は、生まれた年を聞けば、その人の基本的価値観を推測し、どんな人なのかわかります。これはだれでもできます。時代的な背景で、その世代の価値観はおおよそ予測できるのです。

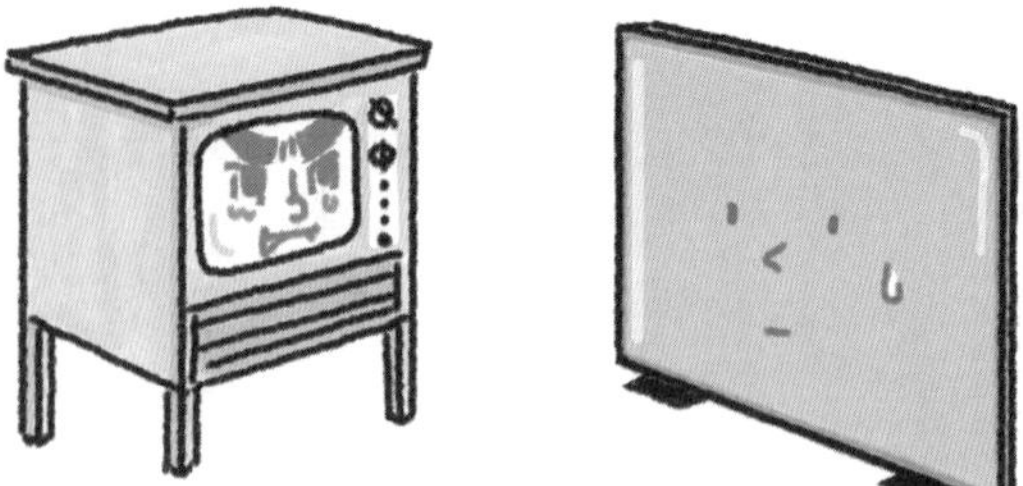

07

避妊に対する態度は文化によって違う

望まない妊娠を避けるためには、避妊が絶対に必要です。これは論を待ちません。けれども、女性のほうからコンドームを手渡すことに対しては、国によって受け止め方が相当に異なるようです。

ミシガン大学のテリー・コンレイは、**「自分からコンドームを手渡してセックスをする女性」についての文章を読んでもらって、どういう印象を持つのか**を聞いてみました。

質問に答えるのは、中国系アメリカ人、日系アメリカ人、ヨーロッパ系アメリカ人の女性です。

その結果、**ヨーロッパ系アメリカ人は、自分からコンドームを手渡す女性にはよい評価をしましたが、中国系アメリカ人と日系アメリカ人はそういう女性を悪く評価しました。**

ヨーロッパ系の女性にとって、コンドームを使用して性病から自分の身を守り、妊娠も予防することは「賢明」な行動になりますが、アジア系の女性は、「自分からコンドームを手渡すなんて、はしたない」と考えます。そういう文化的な差があるのです。

アジアの国の多くは、文化的に女性には慎み深さを求めます。

そのため、たとえ避妊を予防するという確固とした理由があっても、自分でコンドームを用意しておいて、それを男性に自分から渡す、という行為があまり受け入れられないのではないかと思われます。

自分の身を守るためとはいえ、女性がコンドームを持ち歩くのはどうなのでしょうか。かりにセックスをすることになったとき、女性からいきなりコンドームを出されたら、「えぇっ!?」と気持ちが冷めてしまう男性のほうが多いような気もするのですが、今どきの若い人はそういうことは気にならないのでしょうか。そういう調査を見たことがないのですが、非常に気になります。

望まない妊娠を予防するには、コンドームは便利な道具ではあるものの、それは男性に用意してもらうようにあらかじめ伝えておきましょう。「きちんと用意しておいてね」とお願いすれば、男性も嫌がらないと思うのです。

テクノロジーの進歩により、日本の社会もどんどん変化していますが、ことセックスに関しては保守的な考えの人のほうが圧倒的に多いと思われます。女性がコンドームを持ち歩くのが当たり前になるのは、まだ当分先のような気がします。

08

あおり運転を防ぐ車のカラーは何色？

自動車を購入するときには、気をつけてほしい点がひとつあります。それはボディカラー。特に、免許を取り立ての新米ドライバーは、「赤」を選んではいけません。なぜかというと、**赤は相手を挑発する色なので、あおり運転やら妨害運転やらをされてしまうリスクが高くなる**からです。

スペインの闘牛では、赤い布をひらひらさせて、牛を挑発します。実は、牛の目は色の判別ができないので赤色に興奮しているのではなく、動くものに反応し警戒する習性から突進するそうです。にもかかわらず赤い布を使うのは、赤色から「危険なもの」をイメージする観客を興奮させるためであるといわれています。

フランスにある南ブルターニュ大学のニコラス・ゲガーンは、20名の男性アシスタントをルノーのクリオに乗せ、他の自動車がやってきて自分の後ろについたところで実験を開始しました。

何をしたのかというと、信号待ちをしていて、信号が変わっても発進しなかったのです。後

真っ赤な自動車ほどクラクションを鳴らされやすい

	ボディカラーの色				
	赤	青	緑	黒	白
男性運転手	46.8%	26.0%	25.0%	21.6%	20.8%
女性運転手	32.4%	21.2%	16.7%	21.2%	14.7%

出典：Guéguen, N., et al., 2012 より

ろの車がクラクションを鳴らすかどうかは、2名の男性観察者が50メートル離れた公共のベンチに座っていてこっそり記録をとりました。

なお、男性アシスタントが乗るのはルノーのクリオですが、ボディカラーはいろいろと変えました。赤、青、緑、黒、白の5つの条件です。

では、すぐ後ろについた運転手がクラクションで急かす割合はどうなったのでしょうか。上の表を見てください。

他の色はどれもそんなに変わりませんが、**ボディカラーが赤のときだけ「早く発車しろ！」と後ろの運転手からクラクションの合図が出されている**ことがわかりますね。赤色は人をイライラさせる色だったのです。

というわけで、**他の運転手を挑発しないために**

は、赤色は避けたほうがいい色だといえます。

無理に割り込み運転をされたり、あおり運転をされたり、駐車場に停車しておいたときに傷をつけられたりしたくないのであれば、ボディカラーは赤ではない色にしておいたほうが無難です。

一番挑発させない色というと、数値だけでいえばどうも「白」のようですね。白い車に乗っていれば、車線変更をするときにも後ろの車が親切に入れてくれたりする可能性が高くなるかもしれません。

いくら赤色が好きだといっても、運転中のリスクを避けたいのであれば、自動車に関しては赤色を選ばないほうがよいでしょう。

09 危機的状況があると政治家の評価が高まる

政治家としての名声を高めたいのであれば、状況がとても大切です。たまたま世界中がものすごく平和な時期に現役時代を過ごしてしまうと、そもそも名をあげるチャンスさえありません。平和なときには、なんの活躍もできないのです。政治家は何もしないですむのですから。

政治家として歴史に名を刻みたいのであれば、世界中が不穏な空気に包まれ、戦争が起きるなど、物騒な時代でなければなりません。そうでないと、活躍できる場がありませんからね。

カナダにあるケープ・ブレトン大学のスチュワート・マッカンは、1920年から1986年までのアメリカの歴代大統領について書かれた歴史家196名の分析から、**社会的、経済的な脅威が高まっている時代に大統領を務めた人ほど、歴史家たちから「偉大」という評価を受けやすい**ことを突き止めました。

動乱の時代の大統領ほど、名をあげやすいといえます。

私たちのような普通の国民にとっては、平和であることはものすごく喜ばしいことなのですが、政治家にとっては、あまり好ましくないのかもしれません。「活躍できるチャンスがなくて困る」というのがホンネでしょうから。

戦後の日本は、他国と戦争をすることもなく、経済も絶好調でしたから、正直なところ、総理大臣はだれがやっても同じでした。あまり記憶にない総理大臣がたくさんいるというのは、それだけ日本が平和な国であったことを物語っています。

日本人は、あまり政治に興味を持たず、無関心だと揶揄されることもありますが、それはそれで喜ばしいことなのです。

平和な時代だからこそ、投票率が低くとも、だれが政治家になっても何も問題が起きないのです。

優れた政治家や、優れた軍人は、危機的状況にしかあらわれません。

平和なときには、改革者のような人物は必要ないのです。何もしなくても平和なのに、わざわざ波風を立てるような人は敬遠されるのです。

2022年にロシアがウクライナ侵攻を始めたことで、世界中が不穏な空気に包まれ始めました。中国が台湾に侵攻するのではないか、ということも現実味を帯びるようになってきました。

私たちにとっては、まことにありがたくない状況になりつつある（すでになっている）わけですが、政治家にとっては腕の見せ所になるわけで、口では言わないでしょうけれども、内心でほくそ笑んでいる政治家もいるのではないでしょうか。

政治家が活躍する時代など、できればきてもらいたくない、というのが国民の多くの願いだと思うのですが、どうでしょう。

10

自殺者の報道のあとには、模倣自殺が増える

テレビや新聞で自殺者の報道が出ると、そのあと模倣による自殺者が増えます。特に有名人が自殺したあと、自殺が相次ぐのです。これを心理学では**「ウェルテル効果」**と呼んでいます。ドイツの文豪ゲーテが小説『若きウェルテルの悩み』を発表すると、作品の中で自殺した主人公を模倣して若者たちが相次いで自殺したという事件に由来する言葉です。

本当にそんなことがあるのかな、と思うかもしれませんが、ウェルテル効果については数多くの研究がそれを事実であることを示しています。

米国ウェイン州立大学のスティーブン・スタックは、自殺報道がその後の自殺を含む模倣犯罪を引き起こすかどうかを調べた42の研究を総合的に分析してみました。その結果、**有名人や政治家の自殺があると、その数日後までの模倣自殺は14・3倍も増える**ことがわかりました。

日本でもタレントの自殺報道がなされると、そのあと自殺者は増えます。模倣自殺や、後追い自殺と呼ばれています。

そのためでしょうか、厚生労働大臣指定法人の「いのち支える自殺対策推進センター」では、

有名人の自殺報道に対して注意喚起を行っています。

有名なタレントが自殺をすると、マスコミはこぞって報道します。タレントの自殺報道は、一般大衆の関心も高いからです。けれども、マスコミが大きく報道すればするほど、模倣自殺が増えることを考えると、できるだけ小さな扱いにするほうが、本当は望ましいのです。自殺報道さえなければ、そのあとの自殺者を思いとどまらせることができるでしょうから。

報道するにしても、テレビの視聴者や新聞の読者に向けて、悩みや相談を受けつけてくれる窓口なども合わせて報道してもらわなければ困ります。

模倣されるのは自殺だけではありません。

マスコミの影響力はとても強いので、**強盗事件が報道されたあとには、模倣の強盗事件も増える**のです。ですので、強盗事件がニュースで流れたら、しばらくの間は強盗に巻き込まれないように、行動に気をつけなければなりません。

飛行機のハイジャック事件が報道されたら、やはりウェルテル効果で模倣のハイジャック事件が増えるでしょうから、飛行機に乗るときにも気をつける必要があります。

マスコミの報道を見るときには、そのあとには模倣犯罪や事件も増えることを予測しましょう。おかしな事件に巻き込まれるのは怖いですからね。

1

女性の服装はどんどん大胆になっている

年配の人から見ると、最近の若い女性の服装はどんどん露出が激しくなっていると感じられるでしょう。ミニスカートなどは、ほとんど下着が見えてしまうのではないかと心配になるほど短いです。

若い女性の服装は、実際に露出が多くなっているようです。

米国オハイオ州にあるケニオン大学のケイトリン・グラフは、ティーン向けファッション雑誌「セブンティーン」誌に載せられている1649のモデルの写真と、「ガールズ・ライフ」誌に載せられている763の写真について、1971年と2011年に発売された雑誌から比較を行ってみました。

その結果、セブンティーン誌では、**1971年にはローカットシャツ（胸元まで見えそうなシャツ）は全体の11・1%だったのに、2011年には48・1%**に上昇していることがわかりました。

ガールズ・ライフ誌では、**1971年にローカットシャツの割合が0%だったのに、**

２０１１年には59・7%に増えました。また、ぴっちりとして身体のラインが出る服については１９７１年にはやはり０%でしたが、２０１１年には37・6%に増えていました。

女性の服装は、どんどん露出が多く、つまりエッチ化しているといえるのです。

これからさらに10年、20年が経過すると、どうなってしまうのでしょう。

ほとんど裸のような状態になってしまうのではないかと思ってしまいます。今でさえ、まるで下着の恰好のように見える女性が街中を歩いていますから。

世界的な温暖化の影響もあります。

気温が高くなれば、それだけ暑さを感じますので、女性の服装はさらに露出が多くなることも予想されます。

もしタイムマシンに乗って、昔の人が現代に出向くことができたら、現代の女性が着ている服の露出があまりにも多くて昔の人は驚くのではないでしょうか。女性の服装は、それくらい大きな変化が見られるのです。

なぜ女性の服装は、どんどん露出が大胆になっていくのか、その理由についてはよくわかりません。

それだけ女性が慎み深さのようなものを持たなくなっているのでしょうか。

それとも自分にもっと注目してほしいという自己顕示欲が強くなっているのでしょうか。あるいは単純に薄着のほうが身体を締めつけることがなく、ラクだからなのでしょうか。

男性はというと、女性の服装がどんどん露出が多くなっているからといって、興奮しないように気をつけなければなりません。露出の多い女性を見ると触りたくなるという気持ちもわからなくはないのですが、実際に触ったりしたら痴漢ですし、立派な犯罪になります。

女性が肌を多く露出しているのは、あくまでも自己表現の一環なのであって、男性を誘惑しようとしているわけではありません。その点を誤解しないように気をつけましょう。

12

文化が2つある国もある

私たちが「文化」という言葉を使うとき、日本文化とか、韓国文化のような使い方をします。それぞれの国にひとつずつ文化があるのだろうとなんとなく考えてしまうわけです。

たしかにそのほうがわかりやすい、ということもあります。それぞれの国に文化がひとつだと考えたほうが、「日本人っぽい考え方」とか「韓国人っぽい考え方」というように国際的な比較も簡単にできます。

けれども、その考えは間違いです。

たとえば、**中国のように国土がものすごく広い国になりますと、同一国内でも、北と南ではまったく違う文化になる**こともあるのです。

米国バージニア大学のトーマス・タルヘルムは、中国では歴史的に小麦の農業が盛んな北部と、コメ農業が盛んな南部では文化が違うだろうと推測しました。

小麦というものは、適当に蒔いておくだけでわりと勝手に育ってくれます。こういう地域では、独立的な気風を育てるだろうと考えられます。

その反対にコメというものは育てるのに苦労します。農家はお互いに助け合わなければうまくいきません。そのためこういう地域では、自然と協力的な助け合い、支え合いの文化が生まれるだろうと予想できます。

タルヘルムは、北部と南部の6都市で調査を行って、まさにそのような文化差が見られることを突き止めました。

私たちが「中国人」という言葉から連想するのは、独立主義的で、自己主張が激しい国民というイメージでしょうが、あくまでもそれは中国の北部に限った文化。

中国の南部の人たちは、歴史的にずっとコメ農業でしたから、メンタリティはどちらかというと日本人に近いのです。他の人と仲良くしよう、協力しよう、助け合おう、支え合おう、という文化を持っています。

中国人だからといって、ひとまとめに考えてはいけません。

広い国土を持つ国では、同一国内でも、相当に文化が違うと考えたほうがいいのです。

日本は中国ほど広い国土を持っていませんが、それでも地域によって文化差があります。外国の人の目から見れば、大きく「日本文化」とひとくくりにされてしまいますが、より子細に見れば、北海道、東北、関東、関西、九州などでは、明らかに文化が違うのです。それぞれの地域ごとにモノの考え方も相当に違います。

出身地が違う人に出会うと、「同じ日本人なのに、こんなに違うのか」と思わせられることは少なくありませんが、それは地域によって文化が異なるからです。

日本人は、顔だちや体型はお互いにそんなに変わりませんので、ついつい自分と同じような思考パターンをとり、同じような価値観を持っているのだろうと思ってしまいますが、それは誤りです。地域によってかなりバラエティが豊富だということも覚えておくと、自分の価値観と違う人に出会っても、そんなに驚かずにすみます。

13 事実より、フェイクニュースのほうが拡散されやすい

インチキなデマや都市伝説は昔からありました。私が子どもの頃には、「口裂け女」という都市伝説のようなものが日本中に広がって、私もひどくおびえた記憶があります。

単に風邪を引いてマスクをしているだけの若い女性でも、「ひょっとすると口裂け女では？」と疑われ、子どもたちにからかわれたり、警察に通報されたり、イヤな思いをしたのではないかと思います。

さて、デマや噂話はおそらく今後もなくならないのかもしれませんけれども、テクノロジーが驚異的に進歩した現代では、ＳＮＳなどで誤った情報があっという間に拡散してしまうという問題があります。

困ったことに、**真実よりも、誤った情報（いわゆるフェイクニュース）のほうが、拡散されるのも早い**のです。

マサチューセッツ工科大学のソロ―シュ・ヴォソギは、２００６年から２０１７年までの、「うわさの拡散」について、約12万６０００のツイートを調べてみました。

その結果、**誤ったニュースのほうが、真実のニュースより拡散されるスピードが早い**ことがわかりました。また、**誤ったニュースは最大10万人にまで広がるのに、真実のニュースは1000人ほどしか拡散されない**こともわかりました。

フェイクニュースはあっという間に拡散されてしまうのです。

考えてみると、これは非常に怖いことですよね。何しろ事実とは違うのですから。まったく根拠のないデマが世界中に広がってしまうということを考えると、背筋が寒くなってきます。

たとえ根拠のないことでも、何千人、何万人の人が声を揃えて「オオカミが来たぞ！」と叫んでいたら、本当はオオカミなど来ていないのに、「みんなが言っているのだから真実だ」と思いますし、あわてて逃げようとする人もいるかもしれません。

困ったことに、ある情報が真実なのか、それともフェイクなのかを見抜くのは相当に難しいと思います。複数の情報源を調べ、情報に食い違いがあるかどうかを子細に調べてみるというようなことは、たいていの人はやりません。

私たちがやれることといえば、せいぜいフェイクニュースを「自分では拡散しない」ということだけでしょう。「このネタはなんだか怪しい」と感じたら、友だちや家族にそれを伝えるのをやめるのです。せめて自分1人でも拡散をストップするような行動をとりたいものです。

NEWS
f.

第2章

パーソナリティ・人間関係の心理学

14 暴漢に勇敢に立ち向かえる人の特徴とは？

ニュースなどの報道を見ていると、最近は、強盗や殺人など凶悪犯罪が増えたと感じます。読者のみなさんも、いつ何時、暴漢に襲われるか、わかったものではありません。

ただし、刃物を振り回す暴漢に運悪く出くわしたとして、身がすくんで何もできなかったとしても、それはみなさんのせいではありません。

立ち向かえる人は「勇気がある」から立ち向かえるのではなく、暴漢をやっつける自信があるから立ち向かっているだけ。自信がない人は、立ち向かえなくともそれは当たり前なのです。

ペンシルバニア州立大学のテッド・ハストンは、**銀行強盗や人質事件などの凶悪犯罪で、犯人に勇敢に立ち向かい、後に表彰を受けた人**32名と、年齢や学歴などが近い人155名を比較してみました。

その結果、**表彰を受けた人の平均身長は71・2インチ（約180・8センチ）なのに、比較のためのグループの平均身長は69・6インチ（約176・7センチ）であることがわかりました。体重はというと、勇敢な人のグループ平均が176ポンド（79・8キロ）で、比較グルー**

プは平均161ポンド（73・0キロ）でした。

勇敢な人は、そもそも体格がものすごくよいのです。背が高くて、がっしりしている人が暴漢に立ち向かうのです。

ハストンは勇敢な人に、「どうして立ち向かえたのでしょうか？」と尋ねてみたのですが、人道的な理由をあげる人は少なく、**「自分ならできると思った」**という回答が多く見られました。

さらに暴漢に立ち向かえる人は、護身術を習った経験もありました。勇敢な人の平均53・1％が護身術を学んだ経験がありました。比較のためのグループで護身術を習ったことのある人は31・3％です。

結局のところ、**勇敢な人は、暴漢をやっつけることができると思っていたから立ち向かっただけ**なのです。

貧弱な体型で、格闘技も何も習ったことのない人が勇気を振り絞って立ち向かったのかというと、そういうわけではないのです。

もし暴漢に出くわし、自分が何もできなかったとしても、それはしかたがありません。「根性なし」でも、「腰抜け」でもなんでもありませんので、自分を責める必要もありません。刃物を振り回す人がいたら、身体が震えて動かなくなるのは当たり前です。

おかしな勇気を出して返り討ちにあったりしないよう、自分の体格と自信と相談しながら、「うかつに飛びかかったりするよりは、静かにしておいたほうが無難だな」と判断したほうがよろしいでしょう。

また、女性は男性に比べて被害に遭いやすいということもありますので、空手や合気道などの護身術を習っておくのもよいかと思います。

15 住んでいる家から、住人のパーソナリティも推測できる？

私は散歩が趣味なのですが、散歩をしながら他の人の家を眺めるのも好きです。家を見ながら、「どんな人が住んでいるのかな？」ということをあれこれ空想してみるのも、とてもおもしろいものです。

さて、家の外観を見ただけで、その住人がどんな人なのかを言い当てることはできるものなのでしょうか。

正解を先にいいますと、「ある程度は可能」ということを示すデータがあります。

ユタ大学のキャロル・ワーナーは、クリスマスの時期に、16の家の写真を撮らせてもらい、家の住人に社交性を測定する心理テストを受けてもらいました。

それから52名の判定者に、**16枚の家の写真を見せて、「住人がどれくらい社交的だと思いますか？」と推測してもらったところ、かなりの正確さで社交的かどうかを見抜くことができることがわかった**のです。

判定者にどんな手がかりに注目して推測したのかを聞いてみると、**飾りつけの量**。

家の外観に、クリスマス用のライトをつけたり、いろいろと飾ってあったりする家の住人ほど、社交的だと推測されたのです。そして、実際にそういう家の住人は社交性の得点が高かったのでした。

家の外観というものは、その家の住人のパーソナリティをある程度反映しています。ですので、おそらくは読者のみなさんも家の外観を見て、どんな人が住んでいるのかを言い当てることができるのではないかと思われます。

日中でも窓のカーテンをずっと閉めてある家の住人は、おそらく不安傾向が高いか、秘密主義なのかもしれません。性格的にあけっぴろげな人は、カーテンもあけっぴろげにすることが多いはずです。

庭先を見て、雑草が伸び放題で、庭木の剪定をしていない家の住人は、性格的にいいかげんで、大雑把なところがあるのかもしれません。逆に、よく手入れされた庭の家の住人は、真面目で、秩序を好み、杓子定規な考え方をし、曖昧なものを嫌う性格なのかもしれません。

人のパーソナリティというものは、その人の服装や髪型にも反映されることが多いのですが、それだけでなく住居にも反映されていることが多いということを知っておくと、その人がどんな人物なのかを予想するときに便利です。

16

自殺の兆候を見抜くのは難しい

イジメを苦にして自殺するという痛ましい事件が起こると、マスコミはこぞって「家族はイジメに気づけなかったのか?」「学校の先生はわからなかったのか?」という論調の記事やコメントを発表します。

自殺者の家族は家族で、「親である自分が、もっと早く気づいてあげられればよかった……」と悔しさをにじませたコメントを出します。

ですが、心理学を専門とする私からすれば、それは無理というものです。

なぜかというと、**自殺するかどうかは専門家にも予想が難しい**ものだからです。

米国ペンシルバニア州にあるワイドナー大学のアリソン・ダーデンは、**自分の担当している患者が自殺をしたセラピストやカウンセラーにコンタクトをとり、「自殺の兆候を事前に察知できましたか?」と聞いてみたのですが、圧倒的多数が「気づかなかった」と答えたのです。**

その人が自殺をするかどうかは、専門家にも見抜くことはできません。

ましてや、心理学の専門家でもないごく普通の市民にはわからなくて当然だともいえます。

自分の子どもがイジメによって自殺をするのは、親としては悔しいことでしょう。「もっと早くに気づいてあげられればよかった」と考えるのも当然です。

ですが、子どもが自殺したことの責任を感じて、自分を責め続けるのはどうなのでしょうか。自殺の兆候に気づくことができなくとも、それはしかたがありません。自分を苛《さいな》み続けながら生きていくのも、苦しいだけです。すぐには立ち直れないかもしれませんが、子どもの喪失についても少しずつ受け入れていくことが大切です。

もちろん、子どもがイジメられているかは気づくことができないわけではありません。子どもの服が汚されていたり、身体にアザができていたり、持ち物などをなくすことが多くなったり（本当はイジメっ子に捨てられている）、そういう明らかな手がかりがあるのであれば、すぐに学校側に連絡をとって相談するなど、動くことも必要です。

本人が「学校に行きたくない」と言ってくるのなら、無理に通学させようとせず、しばらく休ませてあげるのもよいでしょう。

親としてできることはなんでもしてあげたほうがいいとは思いますが、なかなか自殺の兆候を見抜くのは難しいということも事実ですので、かりに気づくことができなかったとしても、それは親の責任ではないということも知っておいてほしいと思います。

17 一緒に食事をすると、人は仲良しになれる

「同じ釜の飯を食った仲」という言葉がありますが、食事をすると人と仲良くなれるのでしょうか？

答えはイエス。**一緒に食事をするのはとてもいいことです。お互いに親密感や絆が生まれ、その人との関係が円満になるからです。**

私たちは、苦手な人や嫌いな人とは食事を敬遠するものですが、それはよくありません。

むしろ、そういう人たちとこそ、積極的に食事をすべきなのです。

なぜかというと、一緒に食事をしていれば、「話してみると意外にいい人なのかも？」とか、「怖い顔をしているのは、不機嫌だからでなく、もともとこういう顔の人だったのか」などと、いろいろなことを知ることができ、嫌悪感をなくすことができるからです。

一緒に食事をするだけで、苦手意識や嫌悪感がなくなるなんて、すばらしいですよね。

食事をするときの大切なポイントもひとつお教えしましょう。

それは、**中華料理やピザなど、お鍋を食べるときのように、ひとつのものをお互いにシェア**

できる料理を選ぶこと。

不思議なことに、**同じお皿の料理をシェアしていると、相手とさらに仲良しになれる可能性が高くなる**のです。

コーネル大学のケイトリン・ウーリーは、お互いに面識のない200名の参加者にペアを組ませ、労働者側と経営者側に分かれて模擬交渉をしてもらいました。

ただし、交渉に先だって「食欲が交渉結果に及ぼす影響を調べる研究です」というインチキなことを伝えて、半分のペアには同じお皿で料理をシェアしてもらい、残りの半分のペアには、別々のお皿で料理を食べてもらいました。料理は、メキシコやアメリカの伝統的な薄焼きパンであるトルティーヤです。

交渉が終わったところで、労働者側がストライキをする日数を調べてみると、次ページのグラフのような結果になりました。

料理をシェアしたグループでは、あまり経営者に迷惑をかけてもいけないかなという配慮が働くのか、ストライキの日数を短く抑えたことがわかります。

つまり、**料理をシェアすると、協力的な関係が生まれ、敵対的な関係にはなりにくい**のです。

政治家や外交官が、他国の政治家や外交官と、しょっちゅう会食をしているのは、それに

料理をシェアすると、お互いに協力的になる

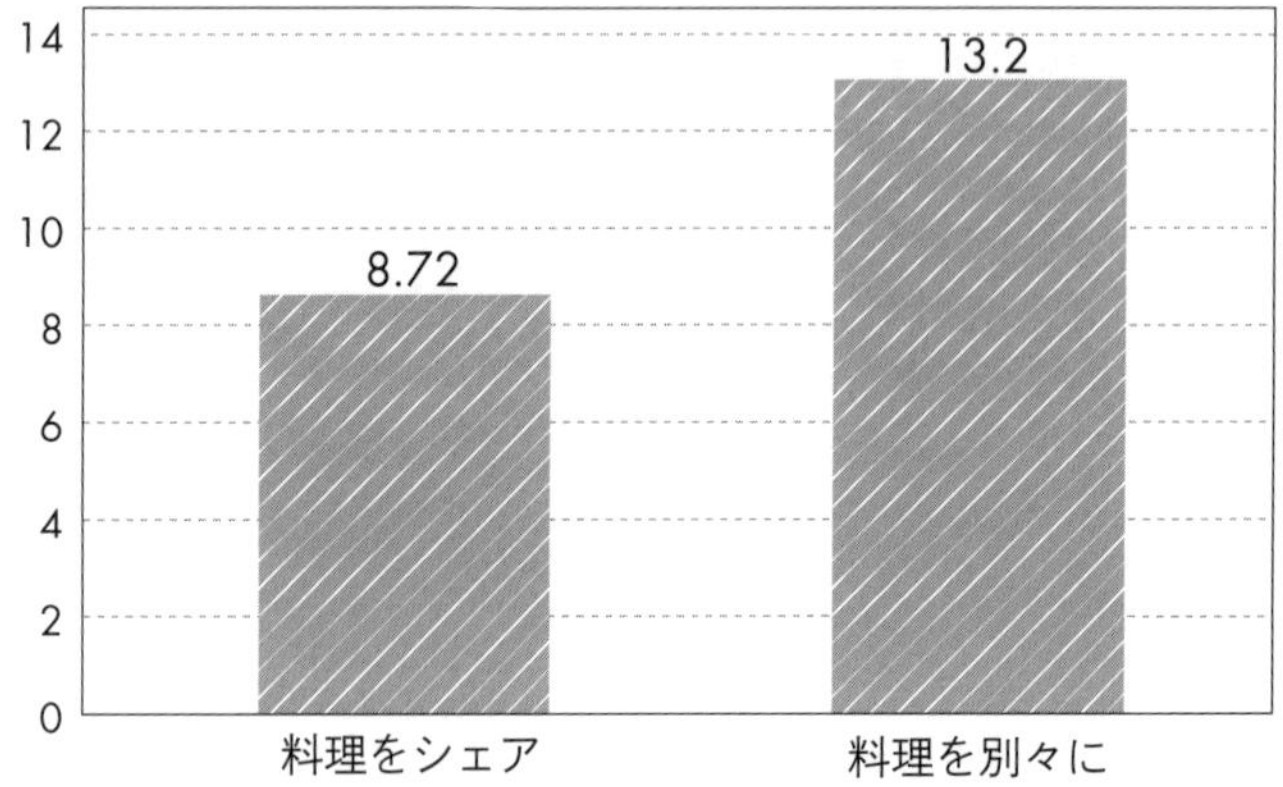

＊数値は、ストライキをする日数

出典：Woolley, K. & Fishbach, A., 2019 より

よってお互いの親密感や信頼感を高めているのでしょう。一緒に食事をするのは、とてもよいことなのです。

最近の若い人は、「会社の人と飲みに行くのは面倒くさいだけ」と、せっかく誘われても敬遠するという話を聞きますが、それはあまりよくありません。いろいろな人と食事をしたり、お酒を飲んだりすることはとてもよいことなのですから。

18

親切な人たちと付き合ったほうがいい理由

友だちをつくるときには、できるだけ親切な人と付き合いましょう。

自分のことばかり考える人よりは、他の人のことを考えて行動できるような人とお付き合いするのがポイントです。

自分の友だちが他の人に対して親切にしているのを見ると、私たちも感化されて、やはり人に親切にするようになります。自己中心的でなく、他の人のために行動できるような人間になれるのです。

ノースカロライナ大学のサラ・アルゴーは、**他の人に「ありがとう」と言っている人が登場するビデオを視聴させると、そのあとで、自分も善意のある行動をとりやすくなる**ことを実験的に確認し、これを**「目撃者効果」**と名づけています。アルゴーは、この現象を8回も追試実験することで、その正しさを確認しています。

自分の友だちが他の人のために、いろいろとよいことをしているのを間近で目撃していれば、そのうちみなさん自身も、同じように善意に溢れた行動をとれるようになります。私たちは、一緒に付き合っている人の影響をものすごく受けるものですから。友人と同じことを「自分もやってみよう」と知らぬ間に思うようになっていきます。

逆もしかりで、ワガママで、自己中心的な振る舞いしかしない友人と付き合っていると、やはり自分自身も自己中心的になってしまうでしょう。

ですから、そういう人とはできるだけ距離をとって、もっと親切な人とお付き合いするようにしたほうがいいのです。「友だち選び」はとても重要です。

昔の日本人は、とても親切でした。

「困ったときには、お互いさま」という思想が社会全体に共有されていたので、隣近所の人から、「お味噌を分けてくれ」「お醤油を貸してくれ」とお願いされればごく自然に貸してあげたものでした。

みかんを持っているとしたら、自分だけで全部食べようとするのではなく、他の人にも食べるように勧めました。たまたま電車やバスで隣り合っただけの人にも、「おひとつ、いかがですか?」と自分のみかんを半分に分けて申し出ていたものです。今でも、地方に出かけると、年配の人はそういうことを自然にやってくれます。

道端で座り込んでいる人がいたら、たとえ面識はなくとも、「大丈夫ですか?」とだれでも

声をかけました。そういうことを当たり前のようにしていました。

そういう場面を日常生活の中でも、ちょこちょこ目にしていましたから、「目撃者効果」が起きて、日本人全体が親切だったのです。

ところが時代は変わって、最近では、あまり親切な人を見かけなくなりました。これはまことに残念なことです。

「社会を変えよう」などと大きなことを申し上げるつもりはありませんが、**せめて自分1人だけは親切なことをしましょう。そうしていれば、少なくともみなさんの周囲には、善意に溢れた人たちが増えるでしょう。**

10

相手の気持ちに共感できる人、できない人

他の人に対して親切な振る舞いができる人のことを、心理学では**「愛他性」**とか**「愛他主義」**という言葉で表現します。

逆に、自分のことしか考えない人のことは**「利己性」**で**「利己主義」**です。

自分が損をしても、あるいは自分が犠牲になっても、他の人のために行動できる人は愛他性が高いわけですが、どうして愛他的な人はそういうことができるのでしょう。

その理由は、**相手の境遇を、あたかも自分のこととして認識している**からです。**苦しくて困っている人を見かけると、愛他的な人は、「他人事」ではなく、「自分のこと」として共感する**のです。自分が苦しくなるのです。ですから、その苦しみを軽くしてあげたいと感じ、親切にできるのです。

ペンシルバニア大学のクリスティン・ブレセル＝ハウアウィッツは、究極の愛他性を持っている人たち、すなわち、自分の腎臓を知らない人に提供した25名と、年齢が同じくらいの比較のためのグループ27名に集まってもらい、ペアでの作業をしてもらいました。

どんな作業かというと、最初の2回は、ペアになった人が痛い思いをする（右手の親指の爪を万力で締めあげて強い圧を加える）のを眺め、3回目は自分自身が同じ痛い思いをするのです。

この作業をしているときの脳の活動を、機能的磁気共鳴画像法（fMRI）という装置で調べてみると、愛他性の高いグループでは、自分が痛い思いをするときだけでなく、ペアの人が痛い思いをしているのを眺めているときにも、「島」と呼ばれる痛みを司る領域が活性化しました。つまり、**愛他的な人は、知らない人の痛みも、我がことのように感じる**ということが明らかにされたのでした。

比較グループの人は、知らない人が苦しんでいるのを見ても、「ふうん、だから何?」としか感じられませんでしたが、愛他性の高い人はそういうことはできません。自分も同じ痛みを感じるのです。

人に親切にしたいのなら、いつでも相手の立場で物事を考える訓練をするといいですね。「この人は、今、どういう気持ちなのだろう?」と考えながら付き合うようにすると、少しずつではあっても、相手の気持ちに共感できるようになります。相手の表情から、うれしいのか、悲しいのか、怒っているのかなども、正確に読み取れるようになります。

「空気が読めない人」という表現がありますが、心理学的にいうと、空気が読めない人は、相手の気持ちに共感できない人であり、愛他性の低い人です。

こういう人は、普通の社会生活を送るうえでも非常に苦労をします。何しろ、他の人への気遣いができませんからね。知らないところで、相手を傷つけたり、配慮のない言葉遣いをしたりしてものすごく嫌われます。

社会生活を送るうえで、相手の気持ちを敏感に察知できることは、だれにとっても必須の能力ですから、ぜひ相手の立場で考え、共感性を磨いてください。相手の感情を、我がことのように感じられるようになれれば完璧です。

20 「他の人に迷惑をかけないように」は意外に効果的

私たちは、基本的にものすごく利己的です。他の人のことより、自分のことだけを考えて行動するものです。

ずいぶん昔の話で恐縮ですが、イギリスの進化生物学者リチャード・ドーキンスの『利己的な遺伝子』（紀伊國屋書店）という本が世界中でベストセラーになったこともあります。人間は、もともと利己的な存在なのです。

とはいえ、人間が、他の人のことをまったく考慮しないわけではありません。

「他の人に迷惑をかけないように」と言われれば、「それもそうだよな」と納得して、他の人に配慮した行動もとることができます。絶対に利己的な行動しかしないのかというと、そうでもないのです。

ペンシルバニア大学のアダム・グラントは、ある病院に協力してもらい、手洗いについての実験をしてみたことがあります。

病院内に設置された66カ所の手洗い場所で、医師と看護師がどれくらい手洗いをするのかを

「他の人のため」というメッセージは有効

	実験前	実験中
コントロール条件 「石鹸とジェルで手をきれいに」	38.24%	40.13%
自分条件 「手をきれいにすることは、あなたの感染症を予防します」	35.49%	33.98%
患者条件 「手をきれいにすることは、患者の感染症を予防します」	37.25%	54.18%

出典：Grant, A. M. & Hofmann, D. A., 2011 より

調べてみたのです。ただし、手洗い場所に置かれているメッセージをいろいろと変えました。

コントロール条件では**「石鹸とジェルで手をきれいに」という単純な注意書き**を置き、自分条件では**「手をきれいにすることは、あなたの感染症を予防します」**というメッセージを置き、患者条件では**「手をきれいにすることは、患者の感染症を予防します」**というメッセージを置いたのです。

メッセージを置く期間は2週間。その前後での手洗いをする割合を測定すると、上のような結果になりました。

私たちは、もともとは利己的な存在なのかもしれませんが、**「患者さんに迷惑をかけないようにしようよ」というアピールをしたときが、一番き**

ちんと手洗いをする行動が増えたことがわかります。

逆に**「自分の身を守るため」という利己性に訴えるアピールは、ほとんど効果がない**みたいですね。

かつての日本の家庭では、「他人に迷惑をかけない」という教えが徹底されていたように思うのですが（私も母親からくり返しそう教えられました）、他人に迷惑をかけないということは私たちの心に強く響くメッセージなのかもしれません。

2 偉大な科学者ほど、実は人当たりがよい

映画や小説の影響でしょうか、私たちが「科学者」をイメージするときには、なんだかおかしな「マッドサイエンティスト」を思い浮かべてしまいがちです。「マッド」（狂気）という不気味な形容詞がつくのです。

実際のところはどうなのでしょう。やはり科学者は危険な人ばかりなのでしょうか。

ポーランドにあるアダム・ミツキェヴィチ大学のルーカッツ・カチマレクは、４４０名の科学者がＳＮＳで使っている写真を集め、その表情が「無表情」「微笑」「満面の笑み」のどれに分類されるのかを調べてみました。

さらにそれぞれの科学者が、よい論文を書いているかどうかも調べました。よい論文かどうかは、他の研究者からどれくらい引用されているのかによって決めました。

その結果、**「満面の笑み」の写真を使っている科学者ほど、よい論文をたくさん書き、しかもSNSのフォロワー数も多い**ことがわかりました。

偉大な科学者になるほど、実は人当たりがよいのです。

「笑顔」というひとつの指標で人当たりがよいと判断するのもちょっと乱暴かもしれませんが、無表情の人や、不機嫌そうな人に比べれば、人当たりはよいと判断しても、そんなに間違いではなさそうです。

科学者の中にも、笑わない人がいますが、そういう人はあまりよい論文を書いていません。科学者として成功している人は、大きな笑顔を見せるものなのです。

というわけで、私たちがイメージする、**いつでも不機嫌で、ムスッとしているという科学者のイメージは、「そんなに成功していない科学者」にだけ当てはまる**といってよいのです。

人類を滅亡させようとしたり、悪の秘密結社のようなものをつくったりするのは、あまり質のよくない科学者なのであって、優秀な科学者は違うのかもしれません。

カチマレクは、科学者を対象にして調査を行ったわけですが、他の業界でも同じような結果が見られるのではないかと思います。

業績のよい会社の経営者ほど、普段からニコニコしていて、業績のよくない会社の経営者は、無表情であるとか、ムスッとした表情でいるのではないでしょうか。

ひょっとすると経営者が自分の会社のホームページにどんな写真を使っているのかを調べると、その会社の将来性や成功の見込みなども予測できるかもしれません。

22 男性に愚痴を言うだけムダ

仕事でイヤな思いをした女性は、夫や恋人に愚痴のひとつも聞いてほしいと思うものです。ただ話を聞いてもらえるだけでも、心はスッキリするからです。

けれども、男性に愚痴を聞いてもらおうとするのは、あまりよい作戦ではありません。「今日、こんなことがあったのよ」と切り出しても、「ふうん、それで?」という素っ気ない態度しかとってくれない可能性が高いからです。

そういう夫の冷たい態度を見て、さらにイライラが募ってしまうかもしれません。イヤな出来事と夫の態度で、二重のイライラを感じなければならなくなります。

ただし、夫側の肩を持つわけではありませんが、これはしかたがないことでもあります。**男性と女性を比べると、共感能力が高いのは圧倒的に女性。**男性の多くは、人の気持ちに女性ほどの共感を示せないのです。

さすがに**すべての男性は思いやりも共感能力も欠如しているとまではいいませんが、女性ほどには共感能力は高くない人のほうが多い**のです。

米国カンザス大学のダニエル・バトソンは、「ニキビをからかわれてイヤな思いをした」という人の文章を読んでもらい、どれくらい共感できるのかを調べてみました。

その結果、女性は大いに共感できることがわかりました。特に、自分も同じようにニキビやシミや髪の毛などをからかわれた経験のある女性ほど、共感できました。

ところが男性はというと、あまり共感できませんでした。「ニキビをからかわれて不愉快な思いをしたのか、あっ、そう……」という反応しか示せなかったのです。

残念ながら**男女の間には、共感能力に関して明らかな差が見られますので、女性のみなさんは、そもそも男性に共感をあまり期待してはいけない**のです。どうせ期待が裏切られて、さらに不愉快な思いをしますから。

女性のみなさんは愚痴を言いたいのなら、同性の友だちに聞いてもらいましょう。「今日、こんなことがあったのよ」と話せば、「それは大変だったよね、大丈夫？　落ち込んでない？」と心から共感してくれるに違いありません。男性は（すべてとはいいませんが）、そういう配慮はなかなかできないものです。

私はクレーム担当の係には、女性のほうが向いていると思っています。なぜなら、女性には共感能力があるので、困っているお客に心から共感できますし、親身な対応もとれると思うからです。

　男性の担当者はというと、お客が困っていても、怒っていても、その感情を理解するのがなかなか難しいので、余計にお客を怒らせてしまうのではないかと思います。もちろん、男性も訓練をすれば共感能力を磨くことはできますが、もともと女性のほうが共感能力は高いのですから、サービス係やクレーム係には女性のほうが向いているといえます。

23

男性は左、女性は右

男性と女性が並ぶときには、だいたい男性が左で、女性が右。

ウソだと思うのであれば、「ひな人形」という単語でインターネット検索をし、ヒットした画像を調べてみてください。ほとんど必ずといってよいくらい、一番上の壇にいる男雛は向かって左側に、女雛のほうが右側に置かれているはずです。

なぜ男性が左かというと、日本の社会は男性上位の社会だから。**「左上右下」**（「さじょううげ」と読みます）といって、日本では昔から**「左を上位、右を下位」**としてきました。男雛が左に置かれるのは、そういう理由によるのでしょう。

私は、この傾向は日本だけだと思っていたのですが、もっと普遍的な傾向のようですね。

イタリアにあるパドヴァ大学のアン・マースは、「アダムとイブ」というキーワードでグーグル検索をし、ヒットした90枚の画像を分析してみました。

その結果、**アダムが左で、イブが右というバージョンが全体の62％（56枚）を占める**ことがわかりました。キーワードを変えて「イブとアダム」とすると、イブが左側を占める割合が少し増えましたがそれでもアダムが左に描かれているもののほうが多いという結果でした。

またマースは、「大天使ガブリエルと聖母マリア」というテーマで描かれた２０９点の宗教画を分析すると、**大天使ガブリエルが左に描かれる割合が97％だった**という他の人の研究があることも自分の論文で紹介しています。

日本だけでなく、欧米の国も歴史的にずっと男性上位でしたから、やはり男性が左にくるのでしょうか。

ではなぜ上位者が左なのでしょうか。このあたりについては、残念ながらよくわかりません。

今の時代では、どの国も男女同権が進み、必ずしも男性上位とは言い切れなくなってきました。このまま男女同権がさらに進むと、男性が左にくる割合が減り、女性が左にくるようになるのでしょうか。この点についてもよくわかりません。

右に置かれるのか、左に置かれるのかなど、どうでもいいような気がするかもしれませんが、なかなかに深い意味が隠されているかもしれないのです。

ちなみに、大勢で食事をするとき、どちらが上座なのかがわからないときには「左が上位」と覚えておき、**左の席は地位が上の人や年配者にしておくのが無難**です。最近では、そういうことを気にする人は減っていますが、基本的なルールを知っておけば、恥もかきません。

24 テクノロジーに弱い人は結婚できなくなる時代に

テクノロジーの進展によって社会構造は大きく変わります。そして、社会構造が変化すると、それに伴って自然と人との付き合い方も大きく変わります。

私が若い頃には、スマートフォンなどありませんでした。パソコンはありましたし、インターネットもありましたが、使いこなせる人はそんなにいなかったのではないかと思います。私もせいぜいメールをするくらいでした。

そんな時代でしたから、もし恋人をつくろうとすれば、どうしても友人の紹介に頼るしかありませんでした。マッチングアプリなど存在しませんでしたから、友人にお願いするしかなかったのです。

けれども今は違います。

人と人とがオンラインでつながることのほうがむしろ主流になってきているのです。

スタンフォード大学のマイケル・ローゼンフェルドは、５４２１名の異性愛者のカップルがどのようにして出会ったのかを調べた、１９９５年のデータと２０１７年のデータを比較して

今ではオンラインで出会うほうが主流に

	1995年	2017年
オンライン	2%	39%
友人の紹介	33%	20%
家族の紹介	15%	7%
同僚の紹介	19%	11%

出典：Rosenfeld, M., et al., 2019 より

みました。その結果を上に示します。

結果はもっとたくさん続くのですが、どれもこれも数パーセントでしたので省略しました。

1995年にオンラインで出会うのは、わずか2%。1995年というと、当時は私も大学生だったので、よくわかります。オンラインで知り合う人など、めったにいない時代でした。

それから**わずか20年ほどで、オンラインで知り合う割合は39%にまで増えています。**驚くべき変化だと言わざるを得ません。

これはアメリカのデータですが、日本も実情はそんなに変わらないのではないかと思います。

これからの社会は、テクノロジーを理解し、積極的に扱えるようにならないと、ひょっとすると「出会いすらできない」という状況が生まれてく

るのかもしれません。友人や家族、あるいは会社の上司に紹介してもらうという機会は、どんどん減り続けるでしょうから。

昔は恋人がいないと、世話焼きの友人や上司が「だれかいい人を紹介してやるよ」と申し出てくれたものですが、そうした行為はハラスメントとなりかねないので避けられ、期待はできません。

オンラインの技術を使いこなし、自分で積極的に動かないと結婚できない時代がくる、いや、もうすでにきているのかもしれません。

25

似た者同士で結ばれるのが一番うまくいく

結婚をするにあたっては、相手を選ぶことがとても大切です。結婚してからできるだけ苦労をしないほうがいいに決まっています。

結婚相手の選定にあたって、心理学的なアドバイスをするとすれば、**「できるだけ自分に似ている人」を選ぶといい**ですよ、ということがいえます。

似た者同士で結婚するのが一番ラクなのです。

これを心理学では**「類似性の原理」**とか**「類似性の法則」**と呼んでいます。

相手との共通点（類似点）が多くなればなるほど、一緒に生活していても、そんなにストレスを感じないのです。

「外国人と結婚したい」という人もいるでしょうが、国際結婚はあまりおススメできません。宗教も違えば、モノの考え方、価値観、文化も大きく違いますので、類似性の原理からすれば真逆の相手と結婚することになります。

オーストラリア国立大学のマティアス・シニングは、**８０００組の夫婦に、結婚生活の満足**

度を聞いたところ、最も高かったのは同国人同士での結婚で、最も低かったのは国際結婚の夫婦でした。

日本人にとっては、やはり結婚相手も日本人のほうがうまくいくものと思われます。国際結婚の場合、文化的な風習や価値観の違いから、ちょっとしたことが気になるようになります。恋愛中にはそういうところが気にならなくとも、結婚するとひどく気になるようになります。そのうち我慢の限界がきて破局、という結果になりやすいのです。絶対に破局するとはいいませんが、その危険は相当に高いことを覚悟しましょう。

やはり類似性の原理に従って、年齢も同じくらいの人がいいでしょうし、出身地も同じ人のほうがいいですし、学歴も自分と同じくらいの人のほうがいいのではないかと思われます。

デンマークにあるオーフス大学のグスタフ・ブルーズは、ハリウッド俳優400人の結婚について調べてみたのですが、やはり同等の学歴の相手と結婚していることがわかりました。有名人でも、一般人と同じで、自分との共通点が多い人のほうがラクだからでしょう。

結婚をするにあたっては、「理想のパートナー」についていろいろ夢見ると思いますが、自分となんの共通点もない人と結婚するのはやめたほうがいいかもしれません。むしろ、自分と同じような人を選んだほうが、結婚生活も長続きする可能性が高くなります。

26 高学歴女性ほど、離婚しない

カナダにあるトロント大学のフィリップ・オレオポウラスによると、**学歴と離婚率には密接な関係があり、学歴が高くなるほど離婚しなくなる傾向がある**そうです。

オレオポウラスが調べたところ、高校中退以下の学歴の女性の離婚率は16%。高卒になると10%。そして**大学院卒の女性になると、離婚率はわずか3%にまで落ちる**そうです。

高学歴の女性というと、収入の多い仕事にもつけるので夫に頼らなくとも生活できそうですし、それだけ離婚しやすいようにも思うのですが、それは違うようです。

どうして高学歴女性は、離婚しないのでしょうか。

その理由は、よくわからないのですが、オレオポウラスは次のような可能性を指摘しています。

・高学歴女性は、結婚市場で人気がある。そのため質の高い男性を選ぶことができ、離婚しにくくなるのでは？

・高学歴の女性ほど、雇用が安定している。そのため、結婚生活にストレスを感じることも少なくなるのでは？
・高学歴女性ほど、晩婚の傾向がある。それだけ慎重に男性を選んでいるのでは？

本当のところはどうして高学歴女性が離婚しにくいのかはよくわかっておらず、あくまでも推測にすぎないのですが、オレオポウラスの指摘はどれも当たっているような気がします。

結婚するときには、できるだけ慎重になりましょう。

これは、女性だけでなく、男性もそうです。

すぐに結婚するよりは、できるだけ長くお付き合いし、相手のことをよく知ってから結婚しても遅くはありません。「慌てる乞食は貰いが少ない」ということわざもありますが、慌てて結婚すると「ハズレ」を引いてしまう可能性が高くなります。

カリフォルニア工科大学のコリン・キャメラーによりますと、アメリカのいくつかの州では、結婚しようとしているカップルがいても、一定期間が経過するまでは結婚許可証を出さない州もあるそうです。「少し頭を冷やして、それから結婚したほうがいいのでは？」というためでしょうか。

あわてて結婚するのもやめたほうがいいのですが、離婚を決めるときにも慎重になりましょう。衝動的に、「もう別れる！」と言い出してはいけません。少し頭を冷やしてから離婚してもまったく遅くありませんから。

アメリカでは、カリフォルニア州やコネチカット州のように離婚が正式に認められるまでに一定の期間が設けられている州もあります。人は心変わりするのが当たり前なので、そういう期間があれば離婚を抑制できるというのです。

「やっぱりよく考えたら離婚しないほうがいい」と冷静に判断してもらうには、ある程度の期間があったほうがいいのでしょう。

結婚も離婚も、早まって決めるよりは時間をかけてゆっくり考えるのがポイントです。

27

相手の目を見つめることが、人間関係をよくする

人に会うときには、必ず相手の目をしっかりと見つめましょう。

昔の日本では、直接に相手の目を見るのは失礼にあたるので、少しうつむいて話を聞くのがマナーだったそうですが、今の時代は違います。きちんと相手と目を合わせなければダメです。

私たちは、しっかりと自分の目を見てくれる人に好意を感じます。どこを見ているのかよくわからない人は、嫌いになります。どこか他のところを見ていると「私に興味がないのかな？」と思うからです。

最近は、自分のスマートフォンの画面を見つめたまま、相手と会話をしようとする人が増えましたが、それもやめましょう。相手の顔を見ないで話をするのはとても失礼だと思います。

オランダにあるラドバウド大学のアン・ボックラーは、66名の大学生を3人ずつのグループに分け、「視線ゲーム」というものをやってもらいました。ただし3人のうちの2人は、男性と女性が1人ずつでしたが、本当は実験者のアシスタントです。

「視線ゲーム」というのは、「せーの」という掛け声とともに、他の2人のうちのどちらかに

視線を向けるという単純なゲームでしたが、アシスタントの2人は、あるときには参加者の顔をたくさん見つめて、別のときには、参加者のほうを一度も見ませんでした。

それからメンバーについての印象を尋ねると、**何度も自分の顔を見てくれたときにはとても好意的な印象を抱きましたが、実験中に一度も自分を見てくれない人のことは嫌いになる**ことがわかりました。

私たちは、自分のことを相手に見てもらいたいのです。

相手に注目されるのは、とても気分がいいことなのです。

したがって、**人に会うとき、相手ときちんとアイコンタクトをすることは、相手を喜ばせるためにとても便利なテクニック**であるといえるでしょう。

「相手と目が合うと照れてしまう」という人もいるでしょうが、それは単なる練習不足。いつでも相手の目を見つめるようなクセをつけると、そのうちに気にならなくなりますので、それまでは少しだけ我慢してください。

また、アイコンタクトが苦手な人は、相手の目を見るというより、両目の間くらいの位置に焦点を当てるようにすると、直接に目が合ったと感じず、そんなに照れることもありません。そんなやり方も試してみてください。

第3章

経済・ビジネスの心理学

28

夜間の照明で経済が予測できる？

経済予測をするときには、いろいろな指標があります。実質GDP成長率や景気動向指数、新車販売登録台数、完全失業率など、他にもいろいろな指標があります。

そういう指標とは別に、おもしろいところで経済予測ができるかもしれません、と指摘しているのが米国ブラウン大学のヴァーノン・ヘンダーソン。

経済が好調で、活気のある国では、夜でも街の明かりが消えることはありません。ということはつまり、夜間の照明を調べれば、その国のGDPの成長も予測できるのではないだろうか、とヘンダーソンは考えたのでした。

そこでさっそく宇宙にある人工衛星からの映像を使い、夜間の照明の度合いを調べる一方で、各国のGDPの成長率も調べてみたのです。

するとヘンダーソンの仮説通りで、**経済成長している国では、夜でも明るく見える**ことがわかりました。

国によっては、そもそもしっかりとした統計がとられていなかったり、「うちの国は成長している」とウソをついたりする国もあるのですが、宇宙の人工衛星からの映像を調べれば、どれくらい経済に活気があるのかはちゃんとわかってしまうのです。

貧しい国は、夜になると真っ暗。

人工衛星で調べると、真っ暗な国は「本当はそんなに活気もない」という事実が丸見えです。

人工衛星というと、天気予報とか、地震や台風などの自然災害の予測などが頭に浮かびますが、大雑把ではあるものの、その国の経済状況を推測する道具としても利用できそうですね。

現在のところ、夜間の照明の度合いによって、その国の経済予測の統計をとったりする国はないと思いますが、そのうちに経済指標のひとつとして「夜間照明量」のようなものが、GDPや失業率と並んで発表される日がくるのかもしれません。

経済指標に関連しておまけの話をしますと、**「ビッグマック指数」**というなんともユニークな指標もあります。

これはイギリスの経済専門誌「エコノミスト」が年2回発表しているものです。マクドナルドは世界中どこにでもありますが、**それぞれの国のビッグマックの平均価格を調べることによって、その国の通貨の購買力を評価できる**というのですね。

世の中には、いろいろとおもしろい経済指標があるのです。

29

株で大儲けするのは難しい

ハーバード大学のジョン・パウンドは、あるときにとても興味深い仮説を思いつきました。だいたいどんな業界の、どんな企業であれ、「合併後には企業の株価は急上昇する」という一般的な傾向があるのですから、買収が取りざたされている企業の株を買っておいて、合併後に売るようにすれば、大儲けできるのではないかと考えたわけです。

たしかにこの考えは理にかなっているように思えます。

そこでさっそくパウンドは、「ウォール・ストリート・ジャーナル」誌で買収の噂のある企業について、その噂で売買している投資家の成績について調べてみたのです。

すると残念なことがわかりました。

噂をもとに売買した投資家は、代表的な銘柄の売買をしている投資家よりも、得られる利益は少なかったのです。合併の噂話に頼って株を売ったり買ったりするのは、あまりやらないほうがいいみたいですね。

株の予想というものは、そんなに簡単にはいかないのです。

せっかくですので、もうひとつ、別の研究もご紹介しておきましょう。

ドイツにあるハンブルク大学のティムール・セヴィンサーは、2007年8月から2009年6月までの「USAトゥデイ」誌の毎週月曜日の巻頭記事で、経済の先行きをどう予想するのかを調べてみました。

その結果、「アメリカ経済はこれからよくなる」という**ポジティブな観測記事が出ると、翌週、そして5週後の株価は、むしろ「下がる」**ということがわかりました。

投資家は疑り深いので、「これからよくなる」と言われると、逆に「悪くなる前兆では?」と思うのでしょうか。

またセヴィンサーは、アメリカの大統領就任演説についても調べてみたのですが、**大統領が経済の先行きに好ましいことを言えば言うほど、その後のGDPと失業率の指標は逆に悪くなる**、という傾向についても明らかにしています。

株で大儲けしたいと思う人は多いと思うのですが、その予想はなかなか一筋縄ではいかないと考えたほうがいいのかもしれません。

簡単に株で大儲けしようとするよりは、やはり真面目に働いたほうがお金持ちになれると思うのですが、いかがでしょうか。

30

噂話を打ち消そうとすると、やぶへびな結果に

時として、企業はおかしな噂を立てられてしまうことがあります。

たとえば、かつてマクドナルドでは、「ハンバーガーのお肉に、ミミズを使っている」という噂を立てられたことがありました。まったく根も葉もない噂なのですけれども、売上は大激減。

こういうとき、私たちはすぐに反論をしようとします。「ミミズ肉なんて使っていません！」と。

けれども、**反論しようとすればするほど、かえって「こんなに必死に反論しようとするのは、むしろ本当だからではないか？」と思われてしまう結果になる**のです。

米国ノースウェスタン大学のアリス・タイバウトは、マクドナルドのハンバーガーにミミズ肉が使われているという**噂話に関して、それを打ち消そうというメッセージを聞かせても、評価が低いまま**であるという実験報告をしています。打ち消そうとするのは、あまりよくない方法なのでした。

では、おかしな噂を立てられたときには、どうすればいいのでしょうか。

マクドナルドの例では、「ミミズ肉というのはフランス料理では高級食材なのだから、採算がとれるわけがないよ」というメッセージを送ると、マクドナルドのハンバーガーについても評価が上がるという実験結果が得られています。

噂話というものは、打ち消そうとするよりは、むしろポジティブな方向に置き換えてしまうのがよいアイデアだといえるでしょう。

もし職場で、自分について根も葉もない噂を立てられたときにはどうすればいいのでしょうか。

たとえば、「○○は、受付の○△さんと不倫しているみたいだよ」という噂が流れたとしたら、「私は不倫などしていません！」と打ち消そうとするのはあまりよい作戦ではありません。余計に噂が真実なのではないかと思われてしまいそうです。

こんなときには、

「いやあ、○△さんみたいな美人と不倫していると言われるなんて、とても光栄だなあ。ウソでもそんなふうに言われるのは気分がいいなあ」

などと吹聴してまわるのはどうでしょう。こちらのほうが噂を消すのに役に立ちそうな気がします。

自分、あるいは自社について悪い噂話が広がるのはなんともイヤなものですが、あわてて否定したり、反論したりしても、噂を打ち消す効果は低く、かえって疑われてしまうこともあるということを覚えておきましょう。

もともと根も葉もない話なのですから、何もしないでしばらく放っておくのもよいかもしれません。そのうち立ち消えになるのを待っていれば、いつのまにかだれも口にしないようになります。

31 時間に追いまくられないスケジュール調整とは？

仕事のスケジュールを組むときには、70％から80％の力を出せばなんとかなるようにしておくのがよろしいでしょう。

１００％の力を出さないと到底間に合わないようなスケジュールにしてはいけません。なぜかというと、心が折れてしまうからです。

米国ケント州立大学のスーザン・ロックスバーグは、７９０名の成人に対する調査から、**「時間がない」ことが精神的に私たちを追い詰めてしまう**ことを明らかにしています。

「あなたは、たえず時間に追いまくられているように感じますか？」という質問に「イエス」と答える人ほど、抑うつになりやすく、心理的な悩みを抱えていることも多くなることがわかったのです。

特に、女性はそうでした。女性は、男性に比べると仕事だけでなく、家事の負担も多い傾向があるので、「時間に追いまくられている」と感じやすくなるのであろうとロックスバーグは指摘しています。

スケジュールはできるだけゆるやかにしておくのが正解です。

スケジュールに空きがあるのがイヤで、キツキツになるくらい仕事を入れようとする人もいますが、心理学的にはよくありません。スケジュールはスカスカしているくらいでちょうどいいのです。

スケジュールに余裕があると、心理的にも余裕が持てます。

「どうしよう？　このままで間に合うかな？」と時計とにらめっこしながら仕事をしなければならないのは、苦痛でしかありません。少しの期間ならなんとかなりますが、それが続くと燃え尽き症候群になる可能性も高くなります。ですので、そうならないよう、スケジュールにはいつでも余裕を入れておくのです。

仕事というものは、予想外のことが次から次に起きるのが普通です。

スケジュールに余裕があれば、予想外のことが起きてもへっちゃらです。予備日のようなものを最初から確保しておけば、慌てることもありません。予備日を潰せばいいのですから。

私は、締切りに追いまくられるのがイヤですので、締切りの1か月前には原稿を書き終えるようにしています。自分では「8月末には脱稿できそうだな」と思うとしたら、編集者には「9月末脱稿」という約束をしておくのです。すべての仕事をそんなふうにしているので、心理的にものびのびと仕事をしています。

人と打ち合わせをするときにも、時間ギリギリに到着しようとすると、かえって「間に合うだろうか?」とドキドキしながら向かわなければならず、精神的によくありません。ですので、私はだれと約束するときにも、30分前には現地に到着するようにして、近くを散歩してみたり、カフェで本を読んだりしています。

時間に追いまくられることのないよう、仕事のスケジュールやダンドリを組むのが、心理的に安定していられるコツです。

32 クレジットカードVS現金、心理学的に有効なのはどっち？

どの本で読んだのか忘れてしまいましたが、ヤクザは、いつでも財布の中にたっぷりのお札を入れておくそうです。

ヤクザの世界では、相手にナメられたらおしまいです。現ナマを持ち歩いていると、気持ちが大きくなり、心理的に委縮することを防ぐことができるのだそうです。「俺は、こんなにお金を持っているんだぞ」ということが、本人の自信を高める効果があるのでしょう。

仕事で交渉をするとき、腰が引けて、相手に譲歩してばかりいる人は、たっぷりの現金を持ち歩くようにしたほうがいいでしょう。引っ込み思案で、緊張しやすい人もそうです。

財布にたっぷりのお金が入っていれば、ヤクザの用語でいえば「イモを引く」（怖気づいてしまうとか、及び腰になる、という意味です）ことがなくなります。

現金を持っていると、なぜか人は堂々としていられるのです。

カリフォルニア大学リバーサイド校のピーター・ルバートンは、銀行にやってきた585名の顧客に、匿名を条件で、どれくらいの流動資産（現金、あるいは現金化しやすいお金）を持っているのかを聞く一方で、人生満足度も尋ねました。

その結果、**現金をたくさん持っている人のほうがハッピーな気持ちになれる**ことがわかりました。

財布の中にお金をたくさん入れておけば、自信がつくだけでなく、ハッピーな気持ちまで高めてくれるのです。一石二鳥というものですね。

テクノロジーの進歩によって、現代人はあまり現金を持たなくなりました。電子マネーのほうが便利だからです。クレジットカードしか持っていない人もいるでしょう。たいていのお店ではクレジットカードが使えますから。

そんな時代ではあるものの、やはり私は財布にたっぷりとお金を入れておくことをおススメします。

なぜかというと、**お金を持っていると自信が出てくるということを示す研究はいくらでも知っていますが、クレジットカードや電子マネーでも同じ効果が得られる、という研究に出会ったことが一度もない**からです。

とりあえず現時点では、お財布がパンパンになるくらいお金を持ち歩きましょう。そうすれば、堂々とした気持ちで生きていくことができます。

33

仕事のスキルはひとつずつ学ぶ

仕事のスキルを磨くときには、いっぺんにたくさんのことを学ぼうとするのではなく、1度にひとつずつ学んでいくのがポイントです。

いろいろなことを1度に学ぼうとしても、結局は「虻蜂《あぶはち》取らず」になってしまい、ひとつも身につけることができませんから。

カナダにあるトロント大学のキャロル・モールトンは、38名の外科研修医に、毛細血管を再接合する手術について、4種類の研修を受けてもらいました。

ただし半分のグループには、1日に4つすべての研修を受けてもらい、残りの半分は1週間に1種類ずつ、4回に分けて受けてもらいました。

研修が終わったあとで、生きたラットで大動脈接合の手術をしてもらうと、**研修を4回に分けたグループのほうが、手術時間、手際のよさ、手術の成功率など、すべての指標で1日にまとめて研修を受けたグループよりも成績がよくなる**ことがわかりました。

仕事のスキルを磨くときには、あれもこれもやろうとするのではなく、ひとつずつやってい

くとよいでしょう。ひとつを完全にマスターしてから、次のスキルを学ぶようにしたほうが、確実にそのスキルを自分のモノにすることができます。欲張って、あれもこれもと手を出すと、どれも中途半端になってしまうでしょう。

焦らずにひとつずつ身につけるようにしたほうが、結局は近道なのです。

勉強も同じで、数学をやったり、英語をやったり、世界史をやったり、いろいろな科目をつまみ食いする勉強法よりは、「まずは数学を潰す」と決めて、ひとつの科目だけを集中的に勉強したほうが、成績は上がってゆきます。

ひとつのことしかやっていないと、「他の科目は大丈夫なのだろうか?」と不安に感じるかもしれませんが、心配はいりません。確実にひとつずつ潰していきましょう。

先輩や上司は、「あれもできたほうがいい、これもできたほうがいい」といろいろとアドバイスしてくるかもしれませんが、それを真に受けてはいけません。善意でアドバイスしてくれているのかもしれませんが、「私は物覚えがものすごく悪いので、まずは○○だけをしっかり身につけます」と言っておきましょう。

いろいろなことを同時進行で身につけるのは無理です。よほど器用な人ならできるのかもしれませんが、ごく普通の人は、ひとつずつやったほうが絶対に身につけるのも早いですよ。

34
人はイヤなニュースは聞きたくない

私たちは、「どうせ気分が悪くなるに決まっている」という情報からは、目を背けようとします。無意識のうちにそうします。「臭いものには蓋をする」という心理ですね。

コロンビア大学のネイチャム・シチャーマンは、**市場の急落後には、投資家たちがインターネットの証券口座にログインしなくなる**ことに気づきました。調べてみると、**普段より、9・5%もログインが減っていた**のです。

なぜ、投資家の人はログインをしないのでしょうか。

その理由は、見ればどうせガッカリするに決まっているから。

イヤなものを見たくないので、ログインをしないのです。

株価の急落で、自分のお金の半分が失われたという事実など、だれも知りたくはありませんよね。そういう事実があることは薄々と気づいていても、あらためてそれを確認しようという気持ちにはなりません。

ただし、これは投資家だけがやっているのではありません。

私たちだって、自分の気分が悪くなるような情報からは、無意識に目を背けているはずです。そうすることで自分がネガティブな感情を抱かないようにしているのです。

私たちの無意識のメカニズムは、自分を守る方向に自然と動いてくれるのです。

だれでも無意識のうちにイヤな情報からは目を背けるものですが、イヤな情報を意識的に見ないようにするのも大切です。

自分が周囲の人にどのように評価されているのかを知りたくて、SNSなどを使って「エゴサーチ」をする人もいるようですが、それはおススメしません。

なぜかというと、エゴサーチをして、自分に対してよい評判やよい噂を見つけられればいいのですが、たいていの場合にはそうはならないからです。

自分についての罵詈雑言、侮辱、批判、悪口ばかりを目にすることになるので、気分がへこんでしまいます。そういうことが目に見えているので、そもそもエゴサーチなどしないほうがいいのです。

たいていの大学には、授業評価というシステムがあります。

講義を受講した学生が、学期の最後に担当の先生を評価するわけです。

学生の評価を先生にフィードバックすることで、その先生が授業をさらによいものにするために改善をしてくれるだろう、というのが大学当局の狙いなのでしょうが、たいていの学生は、とにかく先生の悪口しか書きません。ほとんどの先生は、授業評価でやる気をなくしているのではないかと思います。

かくいう私も、相当に悪いことを書かれているのでしょうが、私はそもそもそういう授業評価のアンケート結果などは一切見ないことにしているので、気分がへこむこともありません。

こういう時代には、自分の心を守るためにも、余計な情報からは目を背けていたほうがいいのです。

35 疲れてくると手抜きが増える

仕事をするとき、スタートしたときからその日の勤務時間の終わりまで、まったく同じペースで仕事ができればよいのですが、なかなかそういうわけにはいきません。人間はロボットではありませんので、そんなに都合よくいかないのです。

病院で勤務しているスタッフは、ちょこちょこと手洗い消毒をしなければなりません。手洗い消毒は、自分が感染しないためにも、患者を感染させないためにも必要なことです。とはいえ、スタッフも人間ですから、疲れてくると、だんだん「まあ、いいか」と手抜きをし始めるようです。

ペンシルバニア大学のヘンチョン・ダイは、12時間の勤務シフトで働く35の病院のスタッフ4157名を対象に、手洗い消毒をきちんと守っているかどうかを調べてみました。

すると、**手洗い消毒をきちんと守る人の割合は、仕事が始まって1時間以内では42・6％でした。それから1時間が経過するごとに、39・1％、37・8％と減っていき、最後の1時間では34・8％と最低になる**ことがわかりました。

手洗い消毒の必要性を認識していても、疲れてきたらサボる人が増えるのも当然です。さすがに手術室や集中治療室などではきちんと手洗い消毒をするのでしょうけれども、そうでないところのスタッフは、「まあ、いいか」という気持ちになりやすいのだと思われます。

とはいえ、私は「きちんと手洗い消毒をしないのはけしからん」などと病院のスタッフを批判する気持ちはまったくありません。「人間なら、だれだってそうだよ」と思うからです。どんな業界の、どんな仕事をしている人でも、それなりに手抜きをしているのだと思います。

では、どうすれば手抜きを防げるのかも考えてみましょう。

だいたい仕事の手抜きをしてしまうのは、疲れの蓄積と関係しています。疲れれば疲れるほど手抜きは発生しやすくなるのですから、とにかく**疲れる前に休憩を入れる**ことです。ちょこちょこと休憩をとっていれば、手抜きは起きません。

高速道路を走っているとき、サービスエリアで休憩をとると、「こまめに休憩を入れましょう」「1時間に1度は休憩しましょう」という注意書きを目にすることがありますが、このアドバイスは、だれにとっても参考になると思います。

研究によれば、**私たちの集中力、注意力というものは、40分から50分しか持ちません。**ですので、50分くらい仕事をしたら10分ほど休憩をとったほうがいいのです。

36

プロとアマを分けるのは「先読み能力」

将棋のプロ棋士は、盤上の駒を見て、何十手も先の局面を予測できるといわれています。素人にはよくわからない世界ですが、将棋に限らず、プロのスポーツ選手も同じように先を読んでプレーをしているようです。

英国グリニッジ大学のポール・ワードは、イギリスのプレミアリーグ・クラブに所属している男性サッカー選手21名と、素人に近い地元の高校生20人に、実際の試合のビデオを見せ、選手がボールを受けた瞬間に一時停止をし、「さて、ボールを受けた選手は次にどんな行動をとると思いますか?」と聞いてみました。

その結果、**プロの選手のほうは一時停止したあとの行動をかなり正確に予測できる**ことがわかりました。ボールを受けた選手がドリブルをして自分で切り込んでいくのか、それとも味方にパスを出すのかを正しく予想できたのです。

優れた選手になるほど、先を読んで行動します。

素人には、そういう芸当はなかなかできません。当たり前の話ですが。

クライマーも、技術がある人ほど先読みをしていることがわかっています。

フランスにあるオルレアン大学のシャビエル・サンチェスは、29名の男性クライマーを、登《とう》攀《はん》の技術によって、中級者、上級者、エキスパートの3つに分け、インドアクライミングをやってもらいました。

その結果、**エキスパートクラスのクライマーは、実際に登り始める前に、まず壁全体を見て、自分がどんなルートで登っていけばよいのかを鮮明にイメージしている**ことがわかりました。

中級者のレベルでは、適当に手の届くところからいきなり登り始め、途中でギブアップしてしまいましたが、エキスパートの人は、まず全体のルートをきちんとイメージして登っていくので成功するのです。

「私はスポーツなんてやっていないし、先読み能力なんて、自分には必要ないな」と思う人がいるかもしれませんが、仕事でも先読み能力は必要ですよ。

どんな順番で仕事を片づけていくのが、一番ラクなのか。

どんなトラブルが予想できるのか。

トラブルが起きたとき、どうすればうまく対処できるのか。

そういうことを頭でイメージしているなら、それも立派な先読み能力に他なりません。

育児でもそうです。子どもがいつ不機嫌になるのか（たいていお腹が空いているときです）、どうすれば喜んでくれるのかをきちんと先読みして行動する親のほうが、育児もうまくできるものです。

先読み能力は、どんな人にとっても重要なスキル。

いきなり何かをやろうとするのではなく、しっかりと先を読んで動きましょう。

37

お金に困っていると、頭も働かない

お金に困っていると、そのことばかりが気になります。

「生活は、大丈夫だろうか？」

「家族を養っていけるのだろうか？」

「貯金もできずに、老後はどうすればいいのだろうか？」

そういう心配のほうに気をとられるので、その他のことについては頭が回らなくなります。

英国ウォーリック大学のアナンディ・マニは、464名のサトウキビ農家にお願いして、収穫前と、収穫後に2回、知能テストを受けてもらいました。また、脳トレのような作業もしてもらいました。

収穫前の農家は、お金を使い果たしていて、余裕がない状態です。収穫後には、お金が入ってきて裕福な状態です。

調べてみると、収穫前の農家は、知能テストでも、認知的な働きを測定する脳トレの作業でも、非常に成績が悪くなりました。**資金繰りのことで頭を悩ませている状態では、そちらにメ**

ンタル力を奪われるので、その他のことなどできないのです。

収穫後になって、懐が暖かくなりますと、余計な心配もなくなるので、頭の働きもよくなるのです。

私たちは、会社をクビになったり、お金に困ってくると、「何か儲かる仕事を考えなければ」と思うものですが、そういう状態では、残念ながら頭はうまく回りません。いきなり、おかしなビジネスを始めてしまって、踏んだり蹴ったりの思いをするのです。

だれも思いつかないような新しいビジネスを考えたりするのは、ある程度、お金に余裕があるときのほうがいいですよ。

お金に余裕があるときのほうが、頭の回転はよくなるのですから。

お金に困っているときには、どうしても近視眼的になってしまい、さまざまな観点から物事を考えたりできなくなります。そういうときには、何もしないでじっとしているのが正解です。思いつきでなんの準備もなく仕事を始めても、どうせ失敗するに決まっています。

お金があるときに、お金がないときのことを思い出してもらうと、「あのときには、どうして、あんなにバカげたことをしようとしたのだろうか」と思う人も多いのではないでしょうか。なんのノウハウもないのに、いきなりラーメン屋さんになろうとしたり、慣れない株に手を出そうとしたりするのも、お金がないときです。

私たちは、**お金に余裕のないときは理性的に物事を考えられず、「そんなことは絶対にうまくいかない」ということに思いが及ばない**のでしょう。

お金がないときには、新しいことを考えないほうがいいと思います。しっかりと守りに入って、おかしなことをしないようにしましょう。

38

仕事の腕前は、勤続年数と関係ない

仕事の腕前というものは、勤続年数とはあまり関係がありません。

ただ漠然と仕事をしていても、スキル（技術）は向上しないのです。自分なりに問題点を見つけたり、改善点を探ったり、いろいろと試行錯誤をくり返したりすることによって技量はアップするものなのです。なんの努力も工夫もせず、ただ「年数が経った」というだけでは、仕事力は高まりません。新人のときのままです。

ハーバード・メディカル・スクールのニティーシュ・チョーダリーは、医師の治療の質が勤続年数とともに変化するのかどうかを調べた論文を集めました。１９６６年から２００４年までに62の研究が見つかりました。

普通に考えれば、**医師としての活動年数が長くなればなるほど、技術は向上しそうなものですが、結果はまさに逆**でした。

62の研究のうち、32の研究（52％）では、なんと**医師の技術は、よくて若い頃と同じレベルで、年数とともに落ちる**ことがわかったのです。13の研究（21％）では、**年数と技術にはなん**

の関係も見出されませんでした。

本人の努力と工夫がないまま、なんとなく仕事をしているだけでは、現状維持どころか、むしろ技術は落ちてしまうのです。

同じような研究は、フロリダ州立大学のアンダース・エリクソンも発表しています。

エリクソンが調べたのは、医師ではなく看護師。

ところが看護師でも結果は同じで、**経験豊富な看護師でも、看護学校を出てほんの数年の看護師と看護の質はまったく変わらなかった**のです。

私たちは、なんとなく年配のお医者さんのほうが安心できるものですが、腕前だけでいったら新人のお医者さんとほとんど変わりません。

かかりに初めて訪問する病院の先生が若く見えても、「大丈夫なのかな?」と心配しなくてもよいかと思います。むしろ若い先生のほうが、最新の研究などもしっかりと勉強していますし、手術のスキルをトレーニングして磨いていることのほうが多いからです。

年配の人にはまことに申し上げにくいのですが、ただなんとなく仕事をしているだけでは、仕事で必要とされる技術は向上しません。

若い人に負けないよう、しっかりと努力しておく必要があることを覚えておきましょう。

39

集中したいのなら、自然の音を聴く

仕事の中には、漫然とやっていてもうまくできる仕事もあれば、相当に集中しないといけない仕事もあります。

今回は、**集中力や注意力を要する仕事をするときのコツ**をお教えしましょう。

その方法とは、**自然の音を聴く**こと。

職場の周りに自然が多いのなら、窓を開けるだけで、自然の音が入ってきますよね。そういう音を聴きながら仕事をしてみてください。**驚くほど集中力と注意力が出てくる**と思いますから。

シカゴ大学のステファン・ファン・ヘッジャーは、63名の実験参加者に、80個の音を聴いてもらいました。80個のうちの40個は、コオロギの鳴き声や雨音などの自然の音。残りの40個は、自動車のクラクションなど都市部で録音したものです。ひとつの音の長さは20秒でした。

それから注意力を要する作業をしてもらいました。文字と図形の組み合わせを見て、ボタンを押したり、押さずに我慢したりするという作業です。「赤あげて、白あげないで、赤あげる」

という旗あげゲームのようなものです。やってみるとわかりますが、ついついボタンを押したくなるので、かなり集中しないとうまくできません。

すると、**自然の音を聴いていたグループのほうが高い得点を上げることができました。**自然の音を聴いていると、どうも神経が研ぎ澄まされたようになるようですね。

何時間も仕事を続けていて、疲れがたまったときにも自然の音は利用できます。

イギリスにあるブライトン・アンド・サセックス・メディカル・スクール（ブライトン大学とサセックス大学のパートナーシップとして設立された医学部）のカサンドラ・ゴールド・ファン・プラーグは、自然の音と人工的な音をそれぞれに5分ほど聴いてもらうと、**自然な音を聴かせたほうが不安が減り、心拍数が落ち着き、ストレス回復効果がある**ことを突き止めています。

自然の音には、注意力を高める効果もあれば、癒やしの効果もあります。

私たちは、普段何気なく自然の音を聴いているわけですが、とても有用な小道具としても利用できるわけです。

都市部にオフィスがあって、自然の音が聞こえないところに職場がある人は、「環境音アプリ」で検索してみてください。川のせせらぎや波の音などをダウンロードできますので、スマホやパソコンにそういう音を入れてＢＧＭ代わりに流してみるのはいかがでしょうか。

自宅で仕事をするときにも、子どもが見ているテレビの音や洗濯機の音などの生活音が気になるというのであれば、環境音アプリを使ってイヤホンで聴きながら仕事をしてみると、能率がアップするかもしれません。

第4章

認知・感情の心理学

40 喜びを表現するときと、しないとき

日本人は、あまり大げさな感情表現をしません。どんなにうれしいことがあっても、軽く微笑む程度で十分だというのが日本人の考え方です。

高校野球では、喜びを誇示する派手なガッツポーズをしないよう、規定がなされています。ホームランを打っても、打った打者を全員で出迎えたり、ハイタッチしたりしないように求められるそうです。悔しい思いをしている相手のチームに失礼だからという気遣いですね。

対照的なのが、中国人。

中国人は、うれしいことがあれば素直にそれを表現します。

ただし、中国人でも相手を気遣って、大げさには喜ばないこともあります。それは、競っている相手が自分と同じ中国人である場合。

オランダにあるティルブルフ大学のイヴェット・ファン・オシュは、オリンピック（他国の人との競争）と国内の選手権（同国人との競争）に出場した中国人金メダリストと、アメリカ人金メダリストの喜びの表現を分析してみました。両手を高らかにあげたり、叫んだりするか

どうかを調べてみたのです。

その結果、**アメリカ人金メダリストは、相手が他国の人であろうが、同国人であろうが、同じように大喜びする**ことがわかりました。

ところが**中国人は、オリンピックのときには大きく喜びを表現しましたが、自分と同じ中国人が相手の国内の選手権では、そんなに喜びをあらわさなかった**のです。あまりに喜んでいると、相手に失礼かな、という気遣いが出るのですね。

中国人と日本人には、同じアジア人といっても、思考法や行動で違うところもたくさんありますが、喜びの表現については似たようなところもあるようです。

アメリカ人やヨーロッパ人は、うれしいときには素直にそれを表現します。うれしくてたまらないのに、そういう感情を抑制するのは不自然だと考えるのでしょう。

ただし、こういう違いも、そのうちに変わってくるのかもしれません。

グローバリゼーションは今後もどんどん進むでしょうから、そのうち日本人も、他のアジア人も、うれしいときにはあえて感情を抑制せずに、大喜びするようになるかもしれません。

実際、スポーツの国際大会では日本人選手もメダルを獲得したときには大喜びしています。日本人も、だんだん大げさに喜ぶようになってきているような印象を受けます。

4 音楽は私たちの気分を変える

音楽は、私たちに大きな影響を及ぼします。陽気な曲を聴いていると、気分のほうも高揚して、ウキウキした気持ちになりますし、逆に、しっとりとしたバラードを聴いていると、なんだか切なく、悲しい気持ちになるものです。

米国ウェイン州立大学のスティーブン・スタックは、気が滅入ってしまうような曲をたえず聞かされていると、自殺願望が高くなってしまうのではないかと考えました。

なんだか物騒な仮説ではあるものの、スタックはこの仮説を検証してみるために、アメリカの49のエリアのラジオ局で放送されたカントリー・ミュージックの回数と、ラジオが流れるエリアの自殺率を調べてみたのです。

すると、**カントリー・ミュージックを流す回数と、自殺率には非常に高い関連性が見られたのです。**

私はあまり音楽に詳しくありませんので、カントリー・ミュージックがどんなジャンルなのかもよくわかりませんでした。インターネットで調べてみたのですが、もともとは移民や貧困の歴史が生み出した音楽らしいですね。どれくらい気が滅入ってしまうのかは、実際に聴いたことがないのでなんともいえませんが。

気が滅入る曲を聴いていると、気分も落ち込み、悲観的になり、それが自殺につながることもあるようですので、どんな曲を聴くかはとても大切なことだといえるでしょう。

どうせなら、聴いていて心がウキウキするような曲がいいですね。

通勤・通学のときにも自分の好きな曲を聴いていれば、「さあ、今日も頑張ろう！」という意欲が出てくるはずです。

スポーツ選手は、試合前にイヤホンで自分の大好きな曲を聴いています。そうすることによって、自分のモチベーションを高めているのだろうと推察されます。

音楽を使えば、自分のムードをいくらでも変えることができるのです。

仕事でイヤなことがあったり、恋人に振られてしまったり、ものすごく気持ちが落ち込んでいるときには、とにかく音楽を聴いてください。セラピーのひとつに「音楽療法」というものがあるくらい、音楽は私たちの心を癒やすのにも役立ちます。

自分が好きだと思える音楽ならなんでもよいと思いますので、いろいろなジャンルの曲を聴き、「私はこの曲を聴くと、すぐに気分がよくなる」というものを探してみてください。

42 苦しいからこそ、喜びもひとしお

私たちは、つらいこと、苦しいことからは、できるだけ逃げようとするものです。

けれども、あえて苦しいことをしてみるのも、決して悪くはありません。なぜなら、**苦しさを乗り越えてこそ、大きな喜びが得られる**ものだからです。苦しいことから逃げまくっていたら、そういう喜びや興奮を味わうことはできません。

たとえば、学生時代の部活動を思い出してください。

ハードな練習をしたあとでは、その直後に飲むお水がものすごくおいしく感じませんでしたか。ただのお水、しかも学校の水道水でもです。それにもかかわらず、苦しい練習を終えたあとには、私たちは「うわぁ〜、うまい！」とただの水でも心の底から喜びを感じるのです。

受験勉強もそうですね。

眠い目をこすりながら、化学式を覚えたり、英単語を覚えたりするのはとても苦しいことではあるものの、そういう苦しさを乗り越えて頑張るからこそ、合格発表のときには心から「やったぁ！」と快哉《かいさい》を叫ぶことができるのです。

いろいろな宗教で、あえて苦しい修行をさせるのはどうしてでしょうか。おそらくは、本当の意味での心理的な喜びや興奮を得るためでしょう。苦しいことを乗り越えてこそ、恍惚感を得るほどの喜びがあるのです。

最近の人は、とにかく少しでも苦しそうだと思うと最初から逃げてしまいます。

そういう生き方をしているので、人生に喜びを感じられにくくなっているのではないでしょうか。

カリフォルニア大学のキャサリン・ネルソンは、「子育ての苦しさと喜び」というタイトルの論文を書いているのですが、**子育てはとても大変ではあるものの、大変な思いをするからこそ、わが子が立ったり、歩いたりするのを見ると、これ以上はないという喜びを感じることができる**と述べています。

最近の若い人は、結婚なんて面倒くさいだけ、育児なんてつらいだけで絶対にやりたくない、と考えているのではないかと思います。

ですが、「つらいだけ」というのは必ずしも正しくありません。**つらいからこそ、うれしさもある**のです。その点を忘れてはいけません。

実際に子育てをしてみるとわかるのですが、自分の子どもの笑顔を見ると、つらい気持ちなどいっぺんに吹き飛びます。そういう気持ちというものは、親になってみないとわかりません。

世の中の出来事というものは、苦しいように思えても、苦しさだけではなく、喜びもちゃんとあるものです。

仕事でも、結婚でも、子育てでも、苦しいからこそ、喜びもあるのだということはきちんと理解しておくべきでしょう。

43

我慢するからこそ、おいしさも感じられる

「何を食べてもおいしく感じない」

もし読者のみなさんがそんなふうに感じているのだとしたら、なんでもおいしく食べるための魔法をお教えしましょう。

それは**お腹をすかせる**こと。

お腹がいっぱいだからおいしく感じられないのであって、お腹と背中がくっついてしまうくらい**空腹になれば、なんでもおいしく食べられる**のです。

惰性のように1日に3回の食事をとるのではなく、あえて1食だけ抜いてみてください。それだけでもずいぶんと違います。

ハーバード大学のジョルディ・クォイドバックはチョコレートが大好きな人を集めて、次のような実験を試みました。

第1グループは、我慢グループ。

このグループには「1週間、どんな種類のチョコレートも食べてはいけません」という指示

しばらく何も食べないことが、おいしさを感じる秘訣

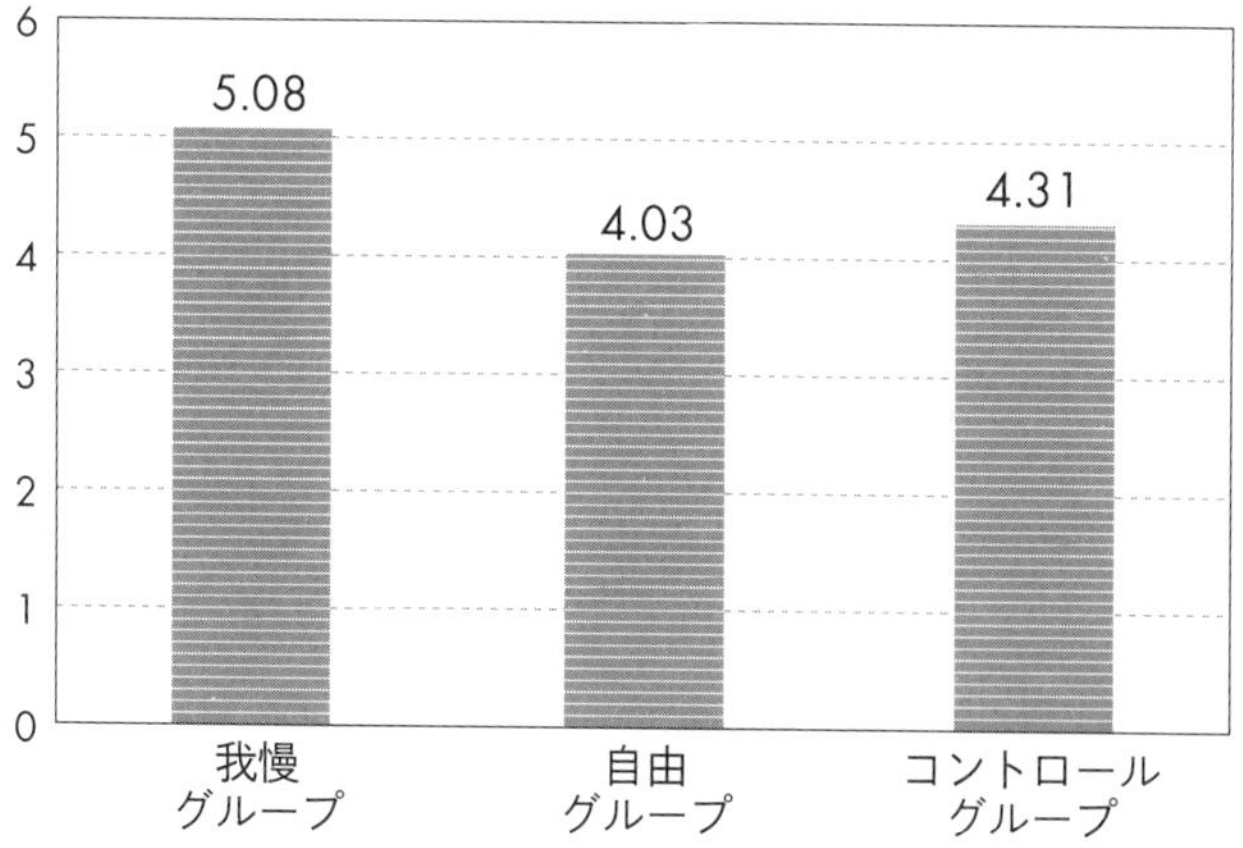

出典：Quoidbach, J. & Dunn, E. W., 2013より

を出しました。

第2グループは、自由グループで、2ポンド（約907グラム）のチョコレートを与えて、「好きなだけ食べてください」と指示しました。第3グループは比較のためのコントロール条件です。このグループには、チョコレートに関して何も指示しませんでした。

それから1週間後にまた実験室に来てもらい、チョコレートを試食してもらって7点満点でおいしさに得点をつけてもらいました。その結果を上に示します。

すると、**1週間チョコレートを食べるのを我慢したグループが最もおいしさを感じる**結果となりました。

日本はとても豊かな国ですから、普通に食事をしているつもりでも、食べ過ぎてしまうことが少なくありません。そのため「何を食べてもおいしくない」と感じる人の割合は増えているような気がします。

せっかくの食事なのですから、できるだけおいしくいただきたいですよね。そのためには、あえてちょっぴり断食してみるのがおススメです。お腹がすけば、何を食べてもおいしく感じられると思います。

44

旅行に出かけるときには、きっちり予定を組まないのがコツ

どこかに旅行に出かけるときには、あまりきちんと予定を組まないほうがいいですよ。

「午後1時から2時までは○○見物、午後2時から30分の移動をして、午後2時半から3時までは○○見物。それから……」というようにきちんとスケジュールを組んでしまうと、せっかくの旅行が台無しです。

目的地も決めず、なんとなく興味があるところに出かけたほうが、旅行をずっと楽しむことができます。

ワシントン大学のガブリエラ・トニエットによりますと、**旅行や映画鑑賞などのレジャーをするとき、きちんとスケジュールを決めすぎると、仕事のように感じてしまい、あまり楽しめなくなる**そうなのです。レジャーの予定は「ラフ」なくらいでよいのかもしれません。

映画を観るときにも、きちんと何を観るのかを決めて出かけるのではなく、映画館に着いてから、どれを観ようかなと決めたほうが、意外に楽しめます。ハズレの映画に当たってしまうこともありますが、それもまた楽しい思い出になります。

休日にどこかに出かけるときには、思いつきで出かけたほうが意外に楽しめるものです。**きちんとタイムテーブルを決めて出かけると、なんだかせわしない気持ちになりますし、仕事をこなすような気分になってしまいます。**これではどこに出かけてもおもしろくなくなってしまいます。

旅行に慣れていない人は、旅行社のおススメするパック旅行のほうが安心できるかもしれませんが、できるだけ自由度の高いパック旅行を選ぶのがよいですね。1日に観光名所をいくつも回るよりは、気に入ったところにずっといたほうがより強い思い出を得ることができます。

1日にたくさんの名所を回ろうとすると、結局は、どれもこれも記憶にあまり残りませんし、楽しくもありません。そんなに欲張ろうとせず、ひとつのところで長い時間を過ごしたほうがよいのです。

弾丸のように名所を巡っても、ただ疲れるだけ。何も決めず、ただぶらぶらしていたほうが結局は、楽しい旅行になるものです。仕事ではないのですから。

なんとなく心惹かれる場所を見つけたら、そこでのんびり時間を過ごしてみてください。旅行者が多く集まる観光名所よりも、そちらのほうが確実に思い出に残るものです。

45

ポジティブな気分で仕事の能率アップ

好きだった人に自分の思いが通じたとか、自分の子どもが運動会のかけっこで1等賞をとったとか、商店街の福引で温泉旅行が当たったとか、ポジティブな出来事が起きたとしましょう。

こういうとき、私たちはとてもハッピーになります。気分がウキウキして、飛び跳ねてしまうかもしれません。**ポジティブな気分は、心を高揚させてくれますが、身体機能のほうも活性化してくれる**ので、普段は階段を使わない人でも、軽い足取りで駆け上がることができます。

毎日、仕事を開始するときには、できるだけポジティブな気分を引き出しましょう。**うれしかったことなどを思い出したり、自分の大好きな食べ物をイメージしたりすれば、だれでもポジティブな気持ちになる**ので、まずはそういう心理状態をつくってから仕事を始めるのです。そのほうが、確実に仕事もはかどります。

米国ヘンリー・フォード病院のカルロス・エストラーダは、44名のインターン（医学実習生）に、肝臓病の事例報告を読んでもらい、診断を下してもらうという作業をしてもらいました。

なお、半数の人には作業を始める前においしそうなお菓子をプレゼントしてポジティブな気持ちを引き出しておきました。

するとどうでしょう、**お菓子をもらってうれしい気分になったグループでは、お菓子をもらえなかったグループよりも、診断を下すスピードがアップした**ではありませんか。

「たかがお菓子ひとつで……」と思われるかもしれませんが、**私たちの気分は、ほんのささいなことでも大きな影響を受ける**のです。

普段、挨拶されない人から、「おはよう！」と声をかけられるだけでも、私たちはうれしい気持ちになりますし、電車でたまたま目の覚めるような美人（あるいはイケメン）と並んで座ることができただけで、「今日はラッキー！」とうれしくなるものなのです。

ほんのささいなことでも、気分が上向きになると、おそらくはその日の仕事はとてもラクに感じると思います。つらい作業もホイホイと片づけることができるでしょう。

「なんだか今日は身体が重いな」とか「作業が遅れ気味だな」と感じるのは、気分を上向きにしないまま、なんとなく仕事をスタートしてしまうから。

仕事をするときには、1分間、ポジティブな気持ちを引き出すようなことを考えましょう。

「私は、いつでも○○のことを考えるとウキウキしてくる」というイメージのネタをいくつか持っておくといいですね。

40 バーチャルな人間にも、現実の人と同じ反応をしてしまう

私たちは、「他者の存在」を意識すると、自分の行動を変えます。とても怖い現場監督が自分の作業風景をじっと見つめていたら、だれでも真剣に仕事をしますよね。そして、その監督が工場から外に出て行ったとたん、いきなり隣の人と雑談を始めたり、手抜きをしたりしますよね。それが人間というものです。

けれども、私たちは現実の人ではなくとも、**人の顔を意識するだけで、あたかも現実の人がいるかのように反応してしまう**ことがよくあります。私たちの脳はとても優秀なので、本当は人などいないとわかっていても、それでもいるかのように反応してしまうのです。

ジョージア工科大学のサン・パークは、108名の大学生に集まってもらい、コンピューターの前に座って、5文字のアナグラム作業（アナグラムは、アルファベットを並べ替えて意味のある単語をつくり上げる作業です）や迷路を解く作業などをやってもらいました。

なおコンピューターの画面の隅には、人の顔か、あるいはバーチャルな人の顔のキャラクターが映し出されていました。作業を監視しているような感じになっているわけです。

現実の人の顔がこちらを見つめているときには、作業時間が短縮されました。見つめられていると、手抜きをしないのです。

おもしろいのは、それが**バーチャルな顔であってもそうなった**こと。やはり参加者たちは真剣に取り組み、手抜きなどをせず、作業時間は短縮されたのです。

人に見られていると、私たちは頑張ります。

この現象は、**「社会的促進」**と呼ばれる現象なのですが、**社会的促進は、バーチャルな人間に対しても起きてしまう**のです。

私たちの脳は、自分を見ているのがリアルな人間なのか、それともバーチャルな人間なのかをうまく区別できないのです。ですので、同じような反応をしてしまいます。

バーチャルなアバターを使ってユーチューブで動画配信をする人をＶチューバーと呼びますが、私たちはＶチューバーのキャラクターにも、人間と同じように反応します。

バーチャルな女の子に見つめられると、本物の女の子に見つめられたときのようにドキドキしますし、ホメられるとうれしくなり、すねた顔を見せられるとカワイイと思うのです。

「現実に、こんな子はいないのだ」と頭では理解していても、反応を抑制することができないのです。

47 女性の多い職場での男性の意外な気持ち

職場に女性が圧倒的に多く、女性と男性の比率が9対1くらいの職場があるとします。

さて、もし読者のみなさんが男性であるとして、かりにその職場で働くことになったら、いったいどういう気持ちになるのかを予想してみてください。

「そんなの天国に決まっているじゃないか」

「まるでお花畑のような職場じゃないか」

「たぶん、ものすごく張り切って仕事をすると思います」

おそらくは、そのようなイメージを持つのではないでしょうか。

けれども、実際にはそのようにならないのです。不思議ですよね。

ミシガン大学のジョアンナ・ヤングは、236名のフライトアテンダント（客室乗務員）を対象に、職務満足感や、仕事への態度を尋ねてみました。

「飛行機に乗るとわかるのですが、接客をしてくれるフライトアテンダント（キャビンアテンダントと呼ぶこともあります）は、ほとんどが女性。男性にはめったにお目にかかりません。

私は人生で一度も男性のフライトアテンダントにお目にかかったことがありません。

そういう女性比率の高い職場で、男性はどう思うのかをヤングは調べてみたのでした。

調べてみると、**男性のフライトアテンダントほど職務満足感が低く、仕事に対してもネガティブな態度を持っている**ことがわかりました。

「ええっ、周りが女性ばかりなのに?」と思いますよね。

ところが、話はそんなに簡単でもないのです。

職場の女性比率が高いと、男性は少数派。だいたい**どんな組織でも、マイノリティ(少数派)に属する人のほうが、肩身の狭い思いをする**ものです。いつでもビクビクしていなければなりません。精神的にものすごく疲れます。そのため、職務満足感も低くなるのです。

男性比率の高い職場で働く女性は、毎日、そういう思いをしているのです。

あるいは、外国人の比率が多い中で働かなければいけない日本人も、毎日、とてもストレスを感じるに違いありません。

というわけで、お花畑のように女性が多い職場というのは、男性にとってそんなにうれしいものでもなさそうなのです。

おかしな期待を抱いて、なるべく女性の多い職場に就職しようというのは間違いですので、気をつけてください。

もともと女子高で、ある年を境に男子の入学を認めるようになる学校もあると思いますが、早まってそういう学校に入学してはいけません。「毎日、ウハウハの気分で過ごせるじゃないか」と思うのは早計で、実際には、女性に気を遣い、肩身の狭い思いをして、ビクビクしながら3年間を過ごさなければならなくなってしまいます。

イメージと現実が食い違うことはよくあります。

あとで失敗したなあ、と後悔しないようにするには、どんな選択をするにしろ、きちんと下調べをしておくことが大切です。

4 人の評価は、見た目でがらりと変わる

「人は見た目で判断してはならない」

「本は表紙で判断してはならない」

そんなことが言われますけれども、それは無理です。

私たちはどうしても見た目で判断してしまうものですから。本当は中身を見てから判断すべきなのでしょうが、最初は中身などわかるわけがありませんので、見た目くらいしか判断する手がかりがありません。

人は見た目が重要です。

というわけで、どんな服を着るかは、どれほど気を遣っても遣いすぎることはありません。

「男は見た目じゃないんだ!」などとうそぶいてみても、他の人から悪い印象を持たれてはどうしようもないですよね。

米国テンプル大学のジョン・ジェニングスは、整形外科に通っている85名の外来患者に、男女の外科医の写真を見せて、その印象を尋ねました。

ただしその写真には、白衣を着ているものもあれば、ビジネススーツを着ているものもあり、カジュアルな私服を着ているものもありました。同じ人に何回か洋服を変えてもらって写真撮影をしておいたのです。

さて写真で印象を聞くと、**同一人物であるにもかかわらず、服装が違うと印象もまったく変わる**ことがわかりました。

白衣を着ているときが一番よい評価を受けました。白衣を着ていると、自信があり、知的で、手術がうまく、患者も安心できるだろう、という評価を受けたのです。

お医者さんにとって、白衣は制服のようなものですから、白衣を着ているときに一番評価が高くなるのでしょう。

服装はとても大切です。

私は心理学の研究でそういうことを知っていますので、大学で講義をするときには普段以上にお洒落にこだわります。

夏の時期には「クールビズ」ということで、ネクタイをしなくともよいという当局の通達も出るのですが、私はネクタイを締めています。ネクタイを締めていたほうが、ダンディで、カッコいいと思ってもらえるだろうという下心があるからです。

本当はネクタイなど暑くてしたくないのですが、魅力的な印象を与えたいという欲求のほうが強いので、やせ我慢をしています。

会社によっては「カジュアルデー」が設けられていて、ラフな私服で出社してもよいという話ですが、社会人としてそれはどうなのでしょうか。私なら、カジュアルデーでもきちんとスーツを着て出社するか、スーツは着なくともきちんとした印象を与えられる服装で出社すると思います。

見た目でつまずいてしまうと、ビジネスというものはうまくいかないと思うからです。

49

自分なりの儀式を持つ

ラグビーのワールドカップを見ていると、キックをする前に選手が奇妙な儀式をしていることに気づきます。2015年のワールドカップのときには、日本人の五郎丸歩選手の「五郎丸ポーズ」が有名になりましたが、あれほど奇妙ではなくとも、似たり寄ったりの儀式はどの選手もやっています。

ああいう儀式は何か意味があるのだろうかと思われるかもしれませんが、「大いに意味がある」のです。意味があるからやっているのです。意味がなかったら、だれもやらないはずですから。

では、どんな意味があるのかというと、不安を鎮めるため。

あるいは、集中力を極限まで高めるため。

儀式化された動作をしていると、不安をきれいに払しょくできるばかりか、心の中に闘志が湧き起こってくるのです。

コネチカット大学のマーティン・ラングは、**人前でスピーチをしてもらうときに、儀式化さ**

れた行動（装飾品をきれいに磨くなど）をしてもらうと、不安が鎮まることを実験的に確認しています。

不安を感じたときには、自分なりに儀式をつくっておき、黙々とその儀式をくり返すといいですね。そうすれば不安を抑えることができます。

同じような研究は、ハーバード大学のアリソン・ブルックスも報告しています。

ブルックスは、実験参加者にジャーニーというバンドの「ドント・ストップ・ビリーヴィン」という曲を人前で歌うように求めました。

多くの人にとってスピーチもイヤなものですが、カラオケもイヤなものです。ところが**歌う前に儀式をさせた条件では、不安が少なく、心拍数が落ち着き、うまく歌える**ことがわかりました。

自分なりに儀式を決めておくと、不安はいつでも解消できるという安心感を得ることができます。「不安になっても私は大丈夫」と思うと、そんなに緊張もしなくなります。

不安を感じるたび、習慣のように儀式をやっていると、パブロフの犬でおなじみの条件づけの効果を持つようになり、その儀式をするだけで不安が吹き飛ぶようになります。

儀式は本当にどんなことでもかまいません。あまり奇妙な動作ですと、周囲の人をぎょっとさせてしまうかもしれませんので、メガネのレンズを布でゆっくり拭いてみるとか、首を回してみるとか、トイレで手や顔を洗ってくるとか、その場で軽くストレッチをしてみる、というくらいにしておいたほうが無難でしょう。

儀式はとても効果的です。ぜひ読者のみなさんも試してみてください。驚きの効果を実感できるはずです。

50 他人の不幸は蜜の味

芸能人や有名人が、何か問題を起こして謝罪会見を開くことがあります。そういうのを見ると、なんだかうれしい気持ちになりませんか。

タレントや、大金持ちなど、それまでずっと調子に乗っている人が問題を起こし、記者たちから厳しい質問攻めを受けているのを見ると、「ククッ、いい気味だ……」と思わずニヤニヤしてしまうのではないかと思われます。

これを心理学では、**「シャーデンフロイデ現象」**と呼んでいます。

「シャーデンフロイデ」というのは、**他の人が苦しんだり、不幸な思いをしたりしているときに感じる喜びやうれしさ**をあらわすドイツ語。

日本語には、「他人の不幸は蜜の味」という表現がありますが、それがまさに「シャーデンフロイデ現象」です。

イタリアにあるミラノ・ビコッカ大学のマルコ・ブランビラは、68名の大学生に、就職活動中で、自分と同じポジションを争っている同じ大学生が、交通事故を起こして面接を受けられなかったら、どう感じますかと聞いてみました。

すると、「とてもうれしい」という答えがたくさん見られました。**私たちはライバルが悲惨な目に遭うと、うれしく思う**のです。

人間には、そういうちょっと陰湿なところがあるのです。

他人の不幸をあからさまに笑ってはいけませんが、心の中で喝采を叫ぶくらいなら許されるのではないでしょうか。

また話は変わりますが、**シャーデンフロイデ現象をうまく利用して、相手に好印象を抱かせる**こともできます。

私たちは、他の人の不幸を喜ぶわけですから、**相手の前でわざと失敗したり、ドジな姿を演出したりしてみる**のです。

普段、ものすごく仕事ができるとか、一流大学卒であるとか、実家がお金持ちであるとか、ものすごく顔だちが整っているとか、他の人からうらやましがられたり、嫉妬されたりする可能性の高い人は、あえてドジなことをしてみてください。寝ぐせをつけたまま出社したり、何もないところで転んだりしてみせるのです。

それを見た人たちは、シャーデンフロイデ現象が起き、「ドジだなあ」と笑いながら、とて

もうれしい気分になるでしょう。

他の人に嫉妬されそうな人は、あえてドジな姿を見せて、相手にポジティブな感情をプレゼントしてあげましょう。そういうところで釣り合いをとるようにすると、人に嫌われることもありません。

ドジな演出をするのも、けっこう難しいとは思いますが、妬まれて足を引っ張られないようにするためには、そういう演出もときにはよいと思います。

5 苦手意識をなくすコツ

「どうも生理的に苦手だ」
「あの人とは肌が合わない」
「できるだけ口をききたくない」

読者のみなさんにも、そんなふうに感じる苦手な人や嫌いな人の1人や2人はいると思うのですが、そういう人から逃げ回ろうとするのではなく、**あえて相手の懐に飛び込んでいく**ことをおススメします。

苦手だからとその人を敬遠していたら、いつまでも苦手意識は消えてくれません。それならいっそのこと、勇気を出して相手の懐に飛び込んだほうがよい結果を生む可能性が高いのです。

カリフォルニア大学バークレー校のエリザベス・ペイジ＝ゴールドは、自分と人種の異なる人とペアをつくらせ、3回のミーティングをしてもらいました。ミーティングでは、毎回違う質問リストが渡され、そのリストを見ながら交互に相手に質問をし、その話題でおしゃべりしてもらいました。

ミーティングを行う前、参加者たちは人種の違う人と会うことにストレスを感じていたのですが、さすがに**3回も会うと慣れてくるのか、ストレスを感じなくなり、ストレスホルモンであるコルチゾールの量もどんどん減る**ことがわかりました。

苦手な人から逃げていてはいけません。

それよりも自分から話しかけましょう。何度も話しかけていれば、そのうち向こうからも話しかけてきてくれますし、そういうやりとりが増えれば、嫌悪感も少しずつ減っていくはずです。

食べ物の好き嫌いもそうですよね。

ニンジンが嫌い、納豆が嫌いと、嫌いなものを食べないと、いつまで経っても好き嫌いはなくなりません。一生、嫌いなままです。

ところが、無理矢理にでも嫌いなものを口にするようにしていれば、そのうちおいしいと感じられるようになるものです。むしろ、自分の大好物になることさえあるのではないでしょうか。

人付き合いにおいても、好き嫌いをなくしましょう。

嫌いなタイプにも積極的に話しかけていれば、そのうち気にならなくなります。いったん気にならなくなると、「どうして以前はあれほど嫌いだったのだろう？」と首をひねってしまうこともあります。

嫌いな人とはお付き合いしなくてすむのなら、逃げるのもひとつの作戦ですが、同じ職場であるとか、隣に住んでいるとか、逃げるのがなかなかに厳しい人もいるでしょう。そんなときには、今からでも遅くありませんから、どんどん話しかけるのが正しい方法です。

52 テイクよりもギブがいい理由

「ギブ・アンド・テイク」という英語の表現は、なぜ「ギブ」が先にきているのでしょうか。その理由は、「テイク」よりも「ギブ」のほうを優先しなさい、ということにあるのではないかと私はにらんでいます。

人間関係において大切なのは、自分のほうが先に相手に「ギブ」をすること。相手が自分に何かしてくれたから（テイク）、お返しにこちらも何かをしてあげるのではありません。順番としては、まず自分が先に「ギブ」なのです。

カリフォルニア大学リバーサイド校のジョセフ・チャンセラーは、コカ・コーラ社のさまざまな部署から集めた88名（平均35・6歳）を2つのグループに分け、1か月間の実験に参加してもらいました。

「ギブ」条件に割り振られた人は、1日に5回、与えられた「親切リスト」の中から好きなものを選んでやってもらいました。親切リストには、「落ち込んだ同僚を励ます」「他の人の飲み物を持って行ってあげる」『ありがとう』メールを送る」などがありました。

「テイク」条件に割り振られた人は、自分に何か親切にしてくれた人がいたら、その名前を記録することだけが求められました。

1か月が経過したところで調査してみると、**「ギブ」条件では、知り合いが増え、職務満足感も高まる**ことがわかりました。**「テイク」条件ではそういう変化はなかった**のです。**自分からどんどん「ギブ」をすると、それだけ人脈が広がり、友だちがどんどん増える**のです。そして**友だちが増えると、仕事もおもしろく感じる**ようになります。

読者のみなさんは、自分から挨拶をしていますか。

おそらく多くの人は、相手から挨拶をされるから、自分も挨拶を返しているのではないでしょうか。だとしたら、順番を間違えています。本当は、自分から挨拶しなければなりません。**「ギブ」が先にこないといけない**のです。

読者のみなさんは、自分からプレゼントを送っていますか。年賀状はどうですか。

大部分の人は、他の人にプレゼントをもらってから、自分もプレゼントを返し、年賀状をもらったので自分も返す、というやり方をしているのではないかと思います。やはり、順番が逆です。

人付き合いにおいては、たとえそれがプライベートな付き合いであっても、ビジネス上での付き合いであっても、まず「ギブ」が先、ということを常に思い出すようにしてください。

自分から積極的に「ギブ」を心がけるようにすると、たいていの人間関係はうまくいくものです。

年配者である、あるいは地位が上の自分が、なぜ若造や目下の人間に先に「ギブ」をしなければならないのか、などと考えてはいけません。どんな関係でも「ギブ」を先に置くようにしたほうが、絶対的にその人との関係は円満になるのですから。つまらないことを考えないほうがいいですよ。

53

笑顔は人間に生得的

うれしいときに、人間は笑います。その笑い方は、世界中で共通です。うれしいときには、どの国の人も、同じ表情で笑うのです。

だれに教えられたわけでもないのに、いつのまにかしてしまう行動のことを「生得的」と表現するのですが、**笑顔はまさしく人類にとって生得的**だといえるでしょう。

サンフランシスコ州立大学のデビッド・マツモトは、2004年のパラリンピックでの、先天盲の柔道選手の表情と、同じく2004年のオリンピックの柔道選手の表情を分析しました。

その結果、**生まれつき目が不自由な人も、金メダルを獲得したときには、目が見える人とまったく同じ笑顔を見せる**ことがわかりました。

先天盲の人は、生まれつき目が見えませんから、だれかが笑っているのを見て、笑顔を学習したわけではありません。うれしいときの笑顔は、だれに教えられたわけでもないのに、人間ならだれでも同じような表情になるのですね。

ちなみにマツモトによると、銀メダルを獲得した先天盲の選手は、目が見える選手と同じように悲しい顔を見せたそうです。

喜びだけでなく、悲しみや怒りなどの基本的な表情も、やはり生得的だといってよいのではないかと思います。

どんな僻地に住んでいる外国の人でも、笑顔の写真や、怒っている人の写真を見せると、ほぼ確実に「これはうれしいときの表情、こちらは怒っているときの表情」ということを正しく見抜くことができます。

外国人とコミュニケーションをするときは、相手の顔をしっかり見ましょう。

相手がしゃべっている外国語はさっぱり理解できなくとも、相手の顔をじっと見つめていると、相手が言いたいこともわかります。

「たぶん、うれしいのだろうな」

「たぶん、困っているのだろうな」

「たぶん、私が失礼なことをしちゃったんだろうな」

ということが、相手の顔を見ていると、なんとなくわかるものなのです。

人の表情は、相手の感情を見抜くうえで非常に役に立ちますから、しっかりと観察するのがポイントです。**国や文化が違えども、表情に関しては世界中でほぼ共通している**のです。

第5章

教育・学習の心理学

54

「意味」を見つけると、やる気が出る

「勉強なんてしても意味がない」

「社会に出たら、物理や数学の知識なんて使わない」

「せいぜい小学校で習うことくらいまでの勉強で十分」

こんなふうに考える人は、勉強の意欲が湧くわけがありません。自分で「不必要」「無意味」だと結論づけているわけですから、やる気が出るわけがないのです。

勉強の意欲を高めるには、大切なのは意味づけ。

勉強することには、ちゃんとした意味があるのだと認識させなければなりません。

テキサス大学のデビッド・イーガーは、中学3年生に将来的な理由に目を向けるように促しました。たとえば、次のように。

「学歴が高いほうが、結婚しやすくなるんですよ。一生結婚できないのはイヤですよね?」

「学歴が高いと、好きな仕事になんでも就けるのですよ。中卒では、好きな仕事なんて選べません。それはイヤじゃありませんか?」

中学生にそういう視点を持つようにさせると、**宿題もきちんとやるようになり、成績も上がり、嫌いな科目も積極的に勉強をするようになった**そうです。

私たちは、自分にとって「意味がある」ことなら、頑張れるのです。**「意味がない」と思うからやる気が出ないのであって、「意味がある」ことなら、手抜きなどしない**のです。

意味を見出すとやる気が出るのは、勉強だけではありません。

お相撲さんは、とても苦しい稽古に耐えなければなりません。身体を大きくするため、苦しくて吐きそうになるほどの食事をしなければなりません。

ではなぜそんなに頑張れるのかというと、「土俵には金が埋まっている」と親方に教えられるから。番付が上がれば、大金を得ることができます。そういう理由がわかっているので、苦しい稽古にも耐えられるのです。

野球でもそうです。

毎日何百回も素振りをしたり、何十キロも走ったりできるのは、プロの選手として活躍できれば、高級な外車を乗り回し、美女と知り合うチャンスが手に入ると信じているからです。

草野球チームにでも入っているのでなければ、私たちにとってバットで何百回も素振りをするのは「意味がない」ことですが、プロ野球選手にとっては大きな「意味がある」ことなのです。だから、ハードなトレーニングにも文句を言わないのです。

勉強がもともと好きな子どももいますが、たいていの子どもは勉強などしたくないと思っているでしょう。「意味がない」と思っているので、意欲が湧かないのです。

したがって、**子どもに勉強をさせたいのなら、まずは意味づけをしてください。**きちんとした理由を考えてあげれば、放っておいても子どもは自発的に勉強をするようになります。

55 出題者の意図を読む

昇進試験や資格試験を受けるとき、多肢選択式の問題であるなら、かりに答えがさっぱりわからなくとも正解を導くことはできます。

その方法とは、自分が出題者になったつもりで、「自分ならどこに答えを隠すだろうか?」と考えてみる方法です。出題者も人間なのですから、その心理と意図を考慮すれば正解がわかるはずです。

アメリカの教育試験サービス(ETS)のイーガル・アタリは、69名の実験参加者に「ノルウェーの首都はどこですか?」(正解はオスロ)という問題で、A、B、C、Dという四択問題をつくらなければならないとして、あなたが出題者ならどこに正解を置きますかと聞いてみました。その内訳は次ページのようになりました。

「自分が出題者だったら、BかCに置くだろうなあ」と答えた人が圧倒的に多いことがわかりますね。**出題者の心理として、なぜか両端のAとDには正解を置きたくない**のです。真ん中に隠したいと思うのです。

人は正解を「真ん中」に隠したがる

Aに置く	Bに置く	Cに置く	Dに置く
7人	33人	28人	1人

出典：Attali, Y. & Bar-Hillel, M., 2003 より

アタリは、追試の実験もしてみました。今度は「オランダの首都はどこでしょうか？」（正解はアムステルダム）という問題で、やはりAからDの多肢選択式の問題をつくるとして、あなたが出題者なら正解をどこに置きますかと聞いてみたのですが、次ページに示したように、結果はほぼ同じでした。

やはり**8割はAとDを外して、真ん中のBかCに置きたいと思う**ようです。

もし昇進試験や資格試験で、答えがさっぱりわからないときには、とりあえず真ん中のものを選んでおきましょう。8割は真ん中のものが正解になるわけですから、四択問題なら、適当に選んで正解する確率は25％ですが、真ん中の2つのどちらかに絞れば正解率を40％まで高めることができます。

試験を受けるときには、しっかりと事前に準備して

追試でもほぼ同じ結果

Aに置く	Bに置く	Cに置く	Dに置く
11人	21人	26人	11人

出典：Attali, Y. & Bar-Hillel, M., 2003 より

おくことが大切ではあるものの、かりに準備不足で受けてしまったときには、すぐにあきらめてしまうのではなく、出題者の心理を読むことで正解を導いてください。

とりあえずはAとDを外してBかCを選ぶようにするだけでも正答率は40％になります。四択問題でデタラメに選んだときの正答率は25％でしたが、それを40％にできるだけでもずいぶん結果が変わってくると思いませんか。

56

教えるときに絶対にやってはいけないこと

同じことを伝えるにしても、「間違えてるよ」と教えるのと、「それで合ってるよ」と教えるのでは、まったく違う結果をもたらすことをご存知でしょうか。

AとBという二択の問題なら、どちらの表現で伝えても意味的にはまったく同じです。

Aを選んだ人に「それでいいよ」と言えば、「Aが正解なのだな」と思うでしょうし、Bを選んだ人に、「間違えてるよ」と教えれば、「なるほど正解はAなのか」と思うでしょう。

ところが、**「間違えてるよ」と教えることは、「それでいいよ」と教えるよりも、教育効果は非常に悪い**のです。

なぜかというと、**「間違えてるよ」と教えると、まさにその間違えていることを記憶してしまう**から。

この現象は、実験でも確認されています。

シカゴ大学のローレン・エスクライス=ウィンクラーは、コールセンターで働く329名に、AとBの二択問題の教養試験を解いてもらいました。

ただし、参加者が答えを選ぶたびに、正解のときだけ「正解です」と教えてもらう条件と、間違ったときだけ「間違えています」と指摘する条件を設けました。

それから同じ問題を使って確認テストをしてみると、**「正解です」と教えてもらった条件では62％の正答率でしたが、「間違えています」と教えられた条件では正答率は48％でした。**

なぜ正答率が下がるのかというと、**「間違いです」と言われると、私たちはまさに間違えた選択のほうを記憶してしまう**のです。ですので、確認テストでは、間違えた答えをもう一度くり返してしまうのです。

というわけで、人に何かを教えるときには、「それでいいのですよ」という**正解のほうを教えてあげるのがポイント**です。

子どもをしつけるときにも、新人に仕事を教えるときにも、こちらを利用してください。「そうそう、それでいいんだよ。そのまま、そのまま」と教えてあげたほうが、相手も正しいやり方をきちんと覚えてくれます。

ところが多くの人は、きちんとできているときには何も言わないのに、できないときだけ教えようとするのです。逆のことをしているのです。

「そうじゃないんだよ」

「なんで、できないの？」

「もう何回も違うって指摘してるよね？」

こういう教え方をすると、教えられる側は、まさに間違えていることのほうを記憶してしまいます。

人を教える立場になったら、同じようなモノの言い方でも、まったく違う結果になってしまうことを覚えておきましょう。**失敗を指摘するのではなく、正解を指摘してあげるようにするのがよい**のです。

57

スピーチやプレゼンで印象をアップさせるコツ

学校の先生は、授業中にたくさんジェスチャーを加えるといいですよ。ビジネスマンもそうで、商品説明をするときや、人前で何かスピーチをしなければならないときには、とにかく「ジェスチャーが大切」というアドバイスを思い出してください。

ニュースキャスターはあまり身体を動かさずに話をしますが、そういう話し方を真似してはいけません。私たちが見習うべきは、さかんに手ぶりや身ぶりを加えながら話すお笑い芸人であり、落語家たちのほうです。

私たちは、動きのあるものには注意を向けるのですが、静止しているものには目もくれません。

大切なのは、動き。

動きがあるからこそ、私たちは「おや?」と興味を惹かれるのであって、動かないものにはあまり注目しないのです。

お笑い芸人のトーク番組は楽しく何時間でも見ていられるのに、ニュースを見ているとすぐに退屈し、疲れてしまうのは、ニュースキャスターがほとんど身体を動かさないからです。

フランスのEMリヨン経営大学院のジーン・クラークは、投資家向けのプレゼンテーション動画を分析し、「ジェスチャー」を多用する起業家のほうが、新規事業への資金をたくさん獲得できることを突き止めました。**ジェスチャーを多用する起業家は、ジェスチャーをあまりしない起業家に比べて、資金を獲得できる確率が12％高くなる**そうです。

プレゼンテーションをするときには、とにかく大きく身体を動かすことを意識してみてください。そのほうがうまくいく可能性もアップします。

ジェスチャーを交えると、話の内容をきっちり記憶してもらえることもわかっています。

ノースイースタン・イリノイ大学のルース・チャーチは、ジェスチャーつきスピーチ動画と、ジェスチャーを交えていないスピーチ動画を見せて、話の内容をどれくらい思い出せるのかを比較する実験をしたところ、**ジェスチャーつきのスピーチのほうが33％も多く思い出せた**、という報告をしています。

また動画を見てもらってから30分が経過したときに、抜き打ちでもう一度記憶を調べてみると、**ジェスチャーつきのスピーチのほうが50％以上も思い出せる内容が多くなる**こともわかりました。

私たちは、ジェスチャーをしている人の話はしっかりと聞こうとするのです。動く人には自然と注意が向くので、それが記憶を高めるでしょう。

プレゼンテーションの達人といわれたスティーブ・ジョブズも、とても大きな動きをしながらプレゼンテーションをしていました。ジョブズのプレゼンテーションは動画でも見ることができますので、「なるほど、こんな感じで手を動かすのか」ということを学んでみるのもいい勉強になります。

子どもに嫌いなものを食べさせる方法

子ども向けのお菓子には、クレヨンしんちゃんとか、名探偵コナンとか、ポケットモンスターのキャラクターが載せられていることが多いですよね。子どもの好きなキャラクターを使ったほうが、それだけ商品を手にとってもらいやすくなるからでしょう。

こういう販売方法を**「キャラクター商法」**と呼ぶのですが、このテクニックは、ビジネスだけでなく、たとえば子どもの好き嫌いをなくすのに利用できたりはしないのでしょうか。

結論からいうと、「できます」。

コーネル大学のブライアン・ワンシンクは、7つの小学校にお願いして、給食の時間に1週間の実験をさせてもらいました。

7つの小学校では、給食のメニューを子どもが選ぶことができたのですが、たとえばクッキーとリンゴのどちらかを選んでもらうと、たいていの子どもはクッキーを選んでしまうのです。本当はリンゴのほうがヘルシーですので、こちらを選んでほしいのですが。

そこでワンシンクは、火曜、水曜、木曜の給食のときにはリンゴのパッケージにエルモ（セサミストリートという子ども番組に出てくるキャラクター）のシールを貼りつけてみたのです。月曜と金曜にはキャラクターのシールはつけていません。

その結果、**エルモのシールが貼りつけてあるときには、貼りつけていない日に比べてリンゴを選ぶ子どもが71％も増えました。**

「本当はリンゴなんて食べたくないのだけれども、エルモのシールがあるなら……」と子どもたちは考えたのでしょう。キャラクター作戦は大成功でした。

というわけで、もし子どもの好き嫌いに悩んでいるのだとしたら、キャラクター作戦を試してみるのはどうでしょうか。

ヘルシーで、低カロリーのお菓子は、高カロリーで砂糖たっぷりのお菓子に比べてそんなにおいしくはありませんが、子どもの好きなキャラクターのシールを買っておき、子どもに食べてほしいお菓子のパッケージにシールをペタッと貼っておくのです。

そうしておけば、子どもは気づかないうちにそのお菓子を手にとって食べてくれる可能性も高くなるでしょう。

果物が苦手という子どもでも、キャラクターの小さなシールが貼ってあれば、それだけ食べてくれるでしょう。

食べ物の好き嫌いだけでなく、勉強が嫌いな子どもには、好きなキャラクターの描かれたノートやペンを用意したり、キャラクターが載せられている問題集などを用意したりしておけば、勉強のほうも嬉々として取り組んでくれるかもしれません。

キャラクター商法は、いろいろなところに応用可能なのです。

59

音痴でも気にしない

みんなでカラオケに行っても、1曲も歌わない人がいます。「遠慮しているのかな？」と思ってマイクを勧めても、そういう人は決して歌おうとはしません。自分のことを音痴だと思っているからでしょう。

音痴な人は、自分は歌がうまくないと思っていて、それを気にしていることが多いのですが、そんなに気にしなくてよいと思います。

なぜかというと、世の中には、自分が音痴だと思っている人がかなり多いからです。もし読者のみなさんも音痴だという自覚があり、それを恥ずかしく思っているのなら、まったく心配はいりませんよ、とお伝えしておきます。音痴な人は意外に多いのです。

カナダにあるクイーンズ大学のローラ・カディによりますと、**アメリカ人の6人に1人は、あまりにも音痴なので、人前で歌を歌えないと思っている**そうです。2000人の大学の新入生のうち約17%は、「私は音痴」だと自己評価しているのです。6人に1人というのはかなりの高確率ですよね。

アメリカ人というと、いつでも堂々としていて、自己主張もよくするイメージがありますから、歌に関しても自信があるように思えてしまいますが、そうではないようです。

日本人を対象にした研究があるのかどうかはわかりませんが、音痴な人の割合はアメリカ人とそんなに変わらないのではないかと思います。「私は音痴」と自認している人は、５人に１人か、６人に１人なのではないでしょうか。どんなに少なくとも、10人に１人は音痴だと思っているのではないかと思われます。

というわけですので、かりに音痴だとしても、そんなに気にしないほうがいいのです。世の中には、自分の他にも音痴な人はいくらでもいると思っていると、音痴であることもそんなに気にならなくなります。

音痴に限らず、もし自分に**何かコンプレックスがあるのなら、統計を調べてみるといい**ですよ。統計を調べると、「なんだ、自分だけじゃないんだ」ということがわかり、そんなに気にしなくなりますから。

薄毛に悩んでいるのなら、薄毛の人の割合を調べてみてください。

太りすぎていることに悩んでいるのなら、日本人の平均ＢＭＩを調べてみてください。

自分の給料が安すぎるように思うのなら、それも統計で調べてください。

統計を調べてみると、「おや？　意外に同じ問題で悩んでいる人って多いんだな」という事実を知ることができますし、「自分だけが特別に悩んでいるわけではない」と感じて、心配を吹き飛ばすことができるでしょう。

60 何歳になっても勉強している人が成功する

高校生までは必死に勉強していたのに、大学生になったとたん、勉強をしなくなってしまう人がいます。日本の大学生はだいたいそうです。日本の大学は、入学するのは大変でも、卒業はラクだからです。欧米の大学は、入学するのは簡単でも、必死に勉強しないと単位はとれませんし、卒業もできないのと好対照です。

同じように、社会人になると勉強をしない人が増えます。

日常の業務がきつくて勉強する時間がないとか、結婚して家族と一緒にいる時間を増やそうとすると、とても勉強にまで手が回らなくなるためです。

けれども、仕事で成功したいのであれば、自分の仕事についての勉強は欠かせません。**勉強の努力をしている人ほど、成功する確率は高くなる**のです。

ジョージア大学のトーマス・レイは、150人の保険販売員を対象に、複数の保険（生命保険、住宅保険、自動車保険、貯蓄型保険など）についての知識を調べさせてもらいました。

また会社の売上データを見せてもらい、それぞれの販売員の成績を教えてもらいました。

その結果、**大きな売上をあげている販売員ほど、さまざまな保険商品についての知識が豊富**であることがわかったのです。

しっかり勉強している人は、仕事の成績もよいのです。

勉強をしていない人は、成績は悪いのです。

なんとも当たり前の結論になってしまいますが、社会人になると勉強をやめてしまう人が多いので、あえて「もっと勉強してください」とアドバイスしたいと思います。

仕事が忙しいとか、育児が大変であるとか、いろいろな理由があることはわかります。1日に30分でも、1時間でもきちんと勉強する習慣を身につけましょう。

「時間がない」と言っている人に限って、ユーチューブの動画を見たり、マンガを読んだり、テレビを見たりする時間があるのですよね。そういう時間を勉強に当てればよいのです。

「どういう勉強をすればよいのか、わからない」という人がいるかもしれませんが、**最も手軽にできる勉強は、読書。**1週間に何冊、1か月に何冊と自分のノルマを決めて、できるだけたくさんの本を読んでください。

どんな本でもかまいません。他業種の本でも、名経営者のエッセイでも、歴史の本でも、手当たり次第に本を読みましょう。教養もつきますし、自分の仕事にも役立ちます。

61

スポーツで成功するかどうかは、何月生まれかで決まる

日本の場合、4月生まれの人は、3月生まれの人よりも、スポーツの世界で成功する見込みが高くなります。なぜかというと、4月生まれの人と3月生まれの人は同じ学年で扱われますが、4月生まれの人のほうがほぼ1年も先に生まれているので、それだけ成長していることが多くなるからです。3月生まれに比べれば、身長も体重も大きくなるので、体格的に有利です。20歳を超える頃には、生まれた月の影響はほとんどなくなりますが、小さな頃は違います。**4月生まれのほうが、3月生まれに比べて圧倒的に有利なアドバンテージを持てる**のです。

英国グロスター・ラグビー・アカデミーのネイル・マッカーシーは、プロのラグビー選手821名と、プロのクリケット選手668名の誕生月を調べてみました。また、国勢調査による一般人の誕生月の割合も調べてみました。すると、内訳は次ページのようになりました。

イギリスでは9月が年度のスタートになるのですが、プロのラグビー選手もクリケット選手も、9月から11月生まれの割合が高いことがわかります。

だいたい、どんなスポーツでも、身体が大きいほど監督やコーチから有望とみなされやすく、

早い月に生まれた人のほうがスポーツでは有利

	ラグビー	クリケット	イギリスの国勢調査での割合
9月から11月生まれ	41%	36%	25%
12月から2月生まれ	22%	24%	24%
3月から5月生まれ	21%	24%	25%
6月から8月生まれ	16%	16%	26%

出典：McCarthy, N., et al, 2016 より

セレクションにも合格しやすくなります。

何月に生まれるかは、自分では選べません。生まれてから変えることもできません。その意味では、早い月に生まれた人ほどラッキーなわけです。親に感謝しなければなりませんね。

日本の場合は、スポーツをするなら4月から6月生まれくらいまでが有利だと思われます。

もちろん、スポーツで成功するかどうかは誕生月だけで決まるのではなく、本人の努力も大きいので、1月から3月生まれだからといってあきらめる必要もありません。マッカーシーの研究を見てもわかりますが、一番不利なカテゴリーで生まれた人でも、プロ選手になっている人は一定数はいるようですから。

62

耳に痛いことの指摘は、ベテランにおまかせ

たとえどんなに正しいことでも、若い人が言うのと、年配者が言うのでは、相手の受け止め方はずいぶん変わってきます。

「うちの会社のこういうところはどんどん改革していこう」

「悪いことを見て見ぬふりをするのはやめよう」

「みんなで声をかけあいながら仕事をしよう」

若い人がそんなことを提案しても、鼻で笑われてオシマイです。「若造が何をえらそうに」と思われるだけ。経営者や重役にとって耳が痛いことは、年配のベテランにまかせましょう。

もし会議で発言をしたいのなら、「○○さん、言ってください」とあらかじめベテランにお願いしておくのがよいでしょう。そのほうが受け入れてくれる確率もアップします。

オーストラリアにあるクイーンズランド大学のマシュー・ホーンゼイは、116名の大学生に、職場の批判をする人のシナリオを読んでもらいました。ただし、そのシナリオの一部は実験的に変えてあります。あるグループでは、批判をする人が、「入社7日目」と書かれていて、

別のグループでは「入社19年目」と書かれてあったのです。

それから、職場を批判する人についての印象を尋ねると、**まったく同じ批判をしているにもかかわらず、入社7日目の人の意見は悪く評価されましたが、入社19年目の人の意見は快く受け入れられた**のです。

年齢が若いうちには、基本的には何もしないのが正しい姿勢。どうせ何を言っても受け入れてもらえませんし、煙たがられるのがオチですから、できるだけ静かにしていたほうがいいのです。

会社を改革したり、組織の変革を求めたりするのは、自分がもっと年配になってからにしましょう。それまでは大人しくしていて、会社にどういう問題があるのか、どんなふうに変革すればいいのかをじっくりと考える時間に当てるのです。

自分が年をとるのを待つのはイヤだというのなら、やはりベテランに言ってもらったほうがいいですね。勤続20年、30年の人の言葉は、かなり重く受け止めてもらえますから。

若い人にとっては理不尽だと思われるかもしれませんが、年齢というものは発言に重みを持たせる重要な要因。どんなに頭がよかろうが、どんなに素晴らしいアイデアや改革案を示そうが、若いうちには聞いてもらえません。

63 「ムチは惜しむな」のウソ

聖書の中に出てくることわざに、「ムチを惜しむと子どもはダメになる」というものがあります。

子育てをするときには、厳しければ厳しいほどよく、甘やかしてムチで引っ叩くことをしないと、子どもはどんどん不良になってしまいますよ、という教えです。

子どもは何が悪くて、何がよいのか、まだよくわかっていません。まっさらな状態なので、いかようにも変わることができます。ですから、できるだけ小さな頃から厳しくしつける必要があるのです。

……といわれると、「なるほど、そうかも」と思う人もいるでしょう。

私も、ずっとそう思っていました。

けれども、ニューハンプシャー大学のマレー・ストラウスによりますと、どうもこの考えは間違いであるようです。**厳しいしつけは間違いどころか、むしろ悪い結果をもたらしてしまう**ことをストラウスは突き止めています。

ストラウスは、ワガママ盛りの6歳から9歳の子どもがいる807名の母親に、「子どもがいけないことをしたとき、どれくらい体罰（ムチ）を加えますか？」と尋ねました。また、その後の子どもがどう変わるのかを調べてみました。

すると、**母親がお尻を引っ叩くなど、体罰をよく利用するほど、子どもはというと、その後の反社会的行動（ウソをつく、モノを壊す、他の子に暴力を振るう、など）がかえって増えてしまった**のです。

子どもに悪いことをやめさせるために、ムチを使うと、やぶへびな結果になりますので注意してください。

昔の親は、たしかに子どもをしょっちゅう引っ叩いていましたが、ちゃんと加減をわかっていました。自分が気に入らないから感情的に殴るというよりは、子どもの将来を思って、泣く泣く叩いていたような気がします。

ところが最近の親は、自分が気に入らないので衝動的に体罰を加えます。加減もできませんので、子どもを虐待で殺してしまうこともあります。そういうニュースがとても増えたような印象を受けるのは私だけではないでしょう。

私は、あらゆる体罰がよくないとは思いませんが、「できるだけ使わない」のが正しい姿勢だと思います。

　さすがに赤ちゃんとは意思疎通ができませんが、ある程度の年齢の子どもは、親が思っている以上に、話を理解してくれます。きちんと説明すれば、子どもも理解してくれます。感情的にならず、静かに子どもの目を見て話せば、子どもはわかってくれるものです。

64

進学への希望があると不良にならない

アメリカでは貧しい人は、大学への進学を最初からあきらめています。大学に進むにはびっくりするほどのお金がかかり、お金がない人は進学できません。大学に進学できないと、就職にも希望が持てません。そのため「自分の人生はもう終わっている」と感じ、自暴自棄な行動をとりやすくなります。

逆に、進学への希望が少しでも持てると、自暴自棄になりません。「頑張れば、自分の力で人生を変えることができる」と思うので意欲も高まるのです。

ワシントン州立大学のベンジャミン・コーワンは、アメリカの公的なコミュニティ・カレッジの学費が安い州の10代の若者について調べてみました。

その結果、大学の**学費が1000ドル下がると、17歳の高校生ではセックス・フレンドの数が26%減る**ことがわかりました。恋愛よりも学業優先と考えるのでしょう。また、**喫煙も14%減り、マリファナの使用も23%減りました。**

高校3年生についていえば、コミュニティ・カレッジの**学費が1000ドル上がるたびに、**

進学の意欲は5・7%ずつ減っていくこともわかりました。

国や州の支援体制がきちんと整っていて、貧しい人でも大学に進学できるという希望が持てる州では、若者たちはあまり不良化しません。

不良になるのは、生まれつきそういう素養があるからではないのです。貧しくて、将来に希望が持てないので、不良になるのです。不良にならざるを得ないのです。

社会のサポートがきちんとしていれば若者の不良化はいくらでも抑制できます。政治家の人には、ぜひそういう事実も知っておいてほしいと思います。若者に希望が持てる社会をつくっていただきたいですね。

たとえ貧しくとも、しっかり勉強している人には奨学金や給付金などの援助の仕組みがきちんと受けられると思えば、「それなら私も頑張ってみよう」と思うものですし、不良になる必要がありません。

貧しい人は、そういう支援制度があることを知らないことも多いので、「世の中にはそういう制度もあるのだよ」ということを伝えるキャンペーンも必要でしょう。「えっ、そんな便利なものがあったのか」ということを知ってもらうと、自暴自棄になって悪いことをすることを抑制できます。

63

大勢の人の前だと、人はよくわからない話をする

一対一で会話をするときには、私たちはかなりあけっぴろげになります。相手が1人だと、そんなに緊張もしないからです。

ところが、大勢の人を前にすると、私たちは変わります。見栄を張ってカッコいい話しかしなくなるのです。少しでも知的に見られたいと思うのでしょう。

南カリフォルニア大学のプリヤンカ・ジョシーは、ビジネススクールに通う80名の履修者に、自分の日常生活についてのエッセイを書いてもらいました。

ただし、エッセイを書く前に、半数の人には「みなさんのエッセイは、だれか1人に読まれることになっています」と告げ、残りの半数には「みなさんのエッセイは50人の人に読まれることになっています」と告げました。

それから、書かれたエッセイについて、全体の何割くらいが抽象的になっているかを2名の判定者に判断してもらいました。

その結果、**1人にしか読まれないと告げたときにはエッセイの抽象度は18%と判断され、50**

人に読まれると告げたときには抽象度は43％と判断されました。

私たちは、大勢の人に見られるときには、抽象的でわかりにくい言葉を使うようになるのです。

講演会もそうで、参加者が少ないときには、講師の人は自分の具体的なエピソードを交えてわかりやすく語ってくれますが、参加者が数百人、数千人ということになると、非常にわかりにくい抽象的な話をするものです。

もしみなさんが**講演会やセミナーに参加するのなら、できるだけ参加者が少ないものを選ぶといい**ですよ。そのほうが、講師もわかりやすい話をしてくれますから。参加者が多くなればなるほど、講師の話は抽象的になり、「なんだかよくわからないな」ということになってしまいます。

定員が30人のセミナーのほうが、定員が150名のセミナーよりも、講師はだれにでも理解できる話をしてくれます。参加者が多くなると、抽象語や専門用語が増えて、これは何かの学会発表なのかと思うほど、わかりにくい話になるのです。

大学の講義もそうですね。履修者が自分1人しかおらず、講師とマンツーマンで話ができるような講義のほうが、何百人も入れる大教室の講義よりも、明らかにわかりやすい講義をして

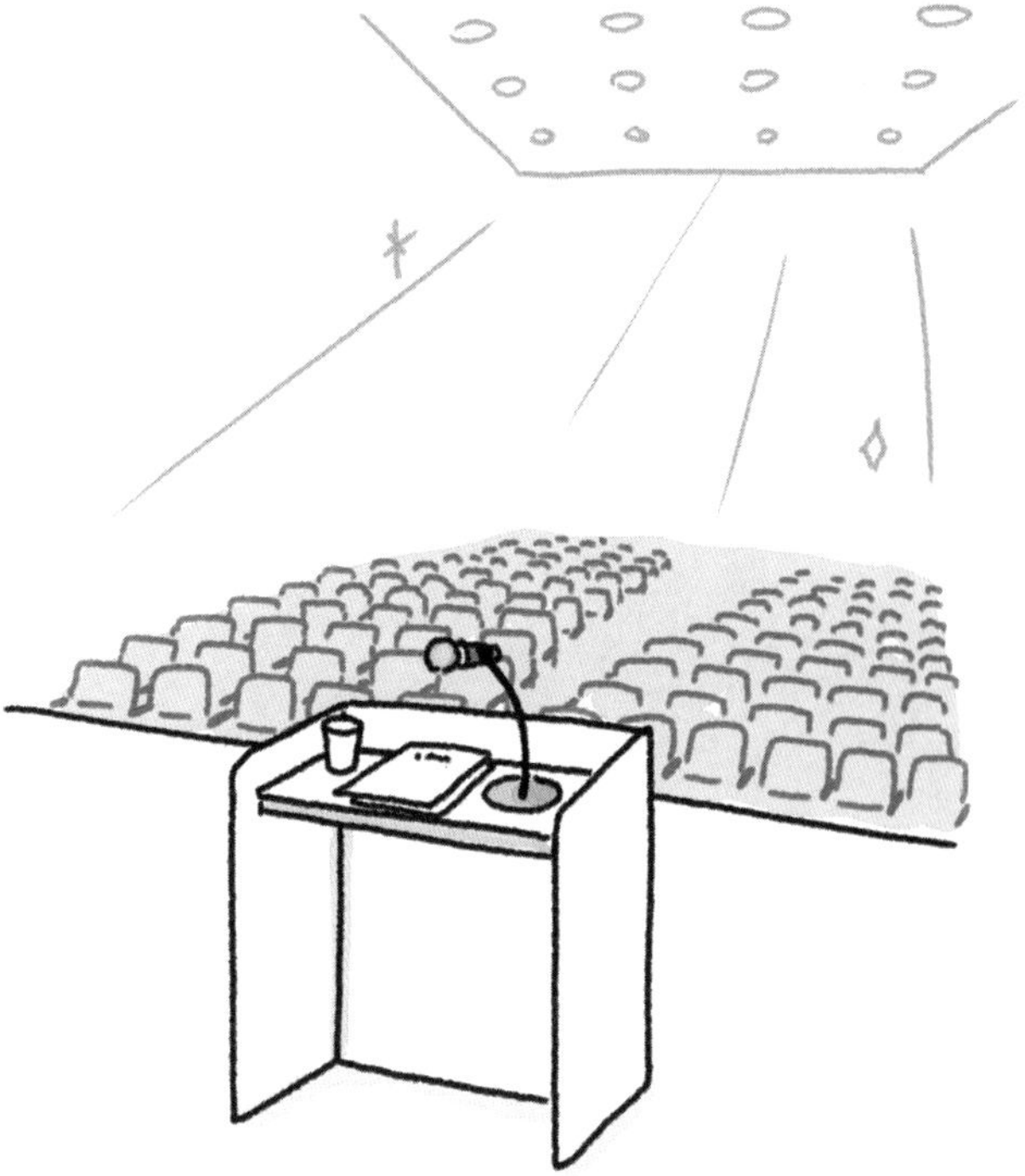

くれるでしょう。

会社の朝礼でも、従業員がそもそも数人しかいないのなら、とても腑に落ちるスピーチをしてくれますが、従業員が多いと、やたらに抽象的な議論を聞かされることになります。

私たちは、大勢の人の前で話さなければならないと、見栄を張って難しい話をしようとするものですから、もし自分が話す側の立場になったら、意識的にわかりやすい話をしようと心がけないと、よくわからないスピーチになってしまうので気をつけてください。

第6章

健康・幸福の心理学

66 どんな食材もがんを引き起こす!?

見出しが何やら物騒な感じになってしまいました。

といっても、この見出しは私が考えたわけではありません。ハーバード・メディカル・スクールのジョナサン・ショーンフェルドの論文のタイトルなのです。私たちが口にするものがなんであれがんのリスクがあるというのです。

ショーンフェルドによりますと、食材とがんのリスクの関係を調べた264の個別研究のうち、**191の研究（72%）は、調べた食材ががんのリスクを高めると結論していて、88の研究は逆にがんのリスクを減らす**と結論していました。

まったく同じ食材でも、がんのリスクを高めるといわれることもあれば、がんのリスクを減らすといわれることもあるのですから、混乱してしまいます。

私たちが普段何気なく口にしている、ワインも、お茶も、砂糖も、塩も、ジャガイモも、豚肉も、がんのリスクを高めることもあれば、逆に減らすこともあるというのですから、いったい何を食べればよいのか、わからなくなってしまいます。

結局のところ、**どんな食べ物が本当にがんにつながるのか、確定的なことはわかっていないのですから、基本的には好き嫌いをせずになんでも食べるようにしておくのが無難**です。

特定のものだけを食べるよりは、さまざまな食材を食べるようにしておけば、かりにそのうちの何かの食材ががんのリスクを高めるとしても、それだけ分散されることになりますから。

食べ物については、正直なところ、がんとの関連性はいまだによくわかっていないのが現状です。

したがって、何を食べたらよいのかあまり迷わずに、どんなものでも「おいしい、おいしい！」と言いながら食べるようにしてください。あまり不安になってもしかたがありませんし、心配しすぎると何も食べられなくなってしまいます。

がんという病気が身近になったのは、食べ物のせいというよりは、むしろ私たちの寿命が延びたから。

寿命が延びれば、がんにかかるリスクは高くなります。今の日本では、3人に1人ががんで亡くなっているという統計もありますが、それは日本人の寿命が延びただけです。年をとれば、だれでもがんにかかるリスクは自然と高くなるのですから、あまり食べ物の心配はしなくてもよいのではないでしょうか。

67

お金は自分にではなく、他の人に使う

私たちは、だれでも自分のことが一番かわいいものです。自分にお金を使うのはまったく惜しくはありませんが、他の人のためにはびた一文でも使いたくない、というのが人情ではないかと思われます。

けれども、本当は自分にではなく、他の人にお金を使うべきなのです。

なぜかというと、**他の人にお金を使うと、自分がハッピーな気分になれる**から。他の人に親切にすると、至福の気分を味わうことができるのです。こんなにうれしいことはありません。

カナダにあるブリティッシュ・コロンビア大学のララ・アクニンは、136か国のデータから、**他の人のためにたくさんお金を使う人ほど、幸福感が高まる**ことを明らかにしています。

文化が違っても、経済状況が違っても、他の人にお金を使うと幸せな気分になるという傾向は世界中の国で確認できました。

貧しい国では、日々の食料を得ることさえ困難です。

けれども、そういう**貧しい国でさえ、自分にではなく、他の人のためにお金を使うと、幸福**

感は高くなるのです。この法則に、例外はありません。どの国の、どの国民も、人のために親切にすると幸せになれるのです。

もうひとつ研究をご紹介します。

カナダにあるサイモン・フレーザー大学のキャサリン・ハンニバルは、50名の元犯罪者に、自分にではなく、他人のためにお金を使ったときのことを思い出してもらいました。すると、**元犯罪者もポジティブな感情が高まった**のです。

さらにハンニバルは、**64名の非行少年と、777名の元犯罪者に、貧しい子どものためにお金を使ってもらったのですが、やはりポジティブな感情が高まる**ことを確認しています。思いやりなどなさそうな犯罪者でも、他人にお金を使うのは気持ちがいいことなのでしょう。

「最近、あまり幸せな気分を感じることがない」という人は、ぜひ他の人のためにお金を使ってみてください。

お金の多寡は関係ありません。わずかなお金でもかまわないのです。

豪勢なディナーをおごってあげなくともよいのです。ごく普通の居酒屋で食事をし、ワリカンにするときにほんの少し多めに払うだけでもよいでしょう。

コンビニやスーパーには、レジの横に募金箱が置かれていることがありますよね。

そういう募金箱を見つけたら、1円でも10円でも入れましょう。ほんの少しでも困っている人の援助ができたということで、幸せな気分になれます。

「情けは人の為ならず」という言葉がありますが、まさしくその通りで、**人に親切にすることは、自分自身が幸せを感じるための方法**です。

ケチケチせず、どんどん他の人のためによいことをしてください。

68

いつでも陽気な人は、長生きできる

他の人のためにお金を使うと、だれでも気持ちがよくなります。うれしさや高揚感、幸福感などのポジティブな感情が高まるのです。

恩恵はそれだけではありません。

なんと**ポジティブ感情は、長生きをすることにもつながる**のです。

オランダにあるティルブルフ大学のペトラ・フーンは、1018名の慢性冠症候群（以前は安定冠動脈疾患と呼ばれていました）の外来患者を10年間追跡調査してみました。

この10年間の調査期間中に、369名（36％）が亡くなりました。

けれども**10項目のポジティブ感情テストで、標準偏差が8・8点高くなるごとに、すべての死因リスクが16％ずつ減る**ことがわかりました。亡くなる人の多くは、ポジティブ感情テストであまり得点が高くない人たちだったのです。

普段から、陽気に明るく、ポジティブな気持ちで生活するようにすれば、それだけ長生きできるのです。

もしポジティブ感情を高めて長生きしたいなら、とにかく他の人のためにお金を使ってください。そうすれば、なんだかうれしい気持ちになりますし、そういう感情を頻繁に抱くようにしていれば、長生きもできるのです。

自分のためにしか行動しない、というのは人間としてもちょっと小さいと思いませんか。他の人のためにできることはなんでもしてあげてください。そういう「器の大きな人間」になれれば、結局は自分のためにもなります。

自分のぶんのお茶を淹れるのなら、ついでに他の人のぶんも淹れてあげましょう。そういうことが自然にできるような人は、きっと会社でもどんどん出世していくと思うのですよね。

他の人のために何かをしてあげれば、ほぼ間違いなく、「ありがとう！」とお礼を言ってもらえます。感謝されるのはまことに気持ちのいいものです。何かをしてあげているのに、お礼も言わないような人はあまりいません。

親切な人になりましょう。困っている人を見かけたら、もう自動的に「親切スイッチ」が入ってしまうような人間になりましょう。

「憎まれっ子世にはばかる」ということわざはウソです。本当は、人当たりがよくて気持ちのいい人ほど、長生きもできるのです。

69 渡る世間に鬼はいないという人間観を持つ

いきなり質問です。

読者のみなさんにとって、「神さま」はどんなイメージでしょうか。やさしいイメージでしょうか、それとも厳しいイメージでしょうか。

もし「とても厳しい」というイメージを持っているのだとしたら、残念ながら長生きできないタイプに分類されてしまうかもしれません。

マイアミ大学のゲイル・アイロンソンは、１０１名のＨＩＶ陽性患者に、神さまについてのイメージを聞きました。

「神さまはなんでもお許しくださる」とか「神さまは善意に溢れている」とか、「神さまは慈悲深い存在だと思う」と答えるのなら神さまにポジティブなイメージを持っていることになります。

逆に、「神さまは厳しい」とか「神さまはほんのささいな悪行でもお見逃しにならない」といったイメージを持っているのなら、ネガティブなイメージを持っていることになります。

さて、アイロンソンは、半年おきに4年間の追跡調査をしてみたのですが、**「神さまは慈愛に溢れている」とポジティブなイメージを持っている人ほど、4年間でのCD4抗体（細菌やウイルスをやっつけてくれる抗体です）の保持がよい**ことがわかりました。つまり、**それだけ健康的でいられた**ということです。

この実験では、「神さま」という超越的な存在に対するイメージを扱ったわけですが、どんな人間観を持つのか、ということとも関連していると思われます。

「人を見たら泥棒だと思え」ということわざがありますが、こういう信念を持っている人は性悪説を信じていることになります。人間なんて信用できないという人間観ですね。

逆に、「渡る世間に鬼はいない」と信じている人は、性善説を持っていることになります。どちらの人間観を持っているほうが長生きできるのかと考えてみると、やはり性善説のほうではないかと思われます。

人に会うたびに、「私をだまそうとしているのではないか？」などと疑ってかかっていたら、精神的にものすごく疲れてしまいます。それよりも、「世の中には、善意の人ばかり」と信じて生活しているほうが、ストレスを感じません。

もし長生きしたいのなら、ぜひ性善説を信じてください。

たまに性格の悪い人がいたりすることもありますが、それ以外のほとんど大多数の人は善意に溢れていると信じるのが人付き合いのコツです。

人のあらを探すのではなく、できるだけその人のよいところを探すようにしてみましょう。そうすればだれでも性善説を信じることができるようになります。

70 食べる物とメンタルの意外な関係

いくらポジティブな気持ちで生きていこうとしても、ジャンクフードばかり食べていたら、なかなか難しいのではないかと思われます。

私たちの気分は、どんな食事をし、どんな栄養を摂っているかによって影響を受けますので、**ジャンクフードばかり食べていたら、ポジティブな気持ちにもなれなくなってしまう**のです。

カルシウムが不足すると、イライラしてくるという話は有名ですが、他にもビタミン類が不足しても、やはりネガティブな感情が高まってしまいます。

ポジティブ人間に生まれ変わりたいのであれば、食習慣も見直してください。

食習慣を変えれば、わざわざポジティブ人間になろうなどと自分に言い聞かせなくとも、自然にポジティブ人間になっていくものです。

フィンランドにあるオウル大学のヘイニ・ケロニエミは、男女8690名に楽観主義を測定するテストを受けてもらい、また、どんな食事を心がけているのかも教えてもらいました。

その結果、**楽観主義テストで上位4分の1に入る人ほど、下位4分の1に入る人に比べて、**

野菜やサラダ、ベリー類やフルーツ、低脂肪チーズなどを頻繁に食べていることがわかりました。**楽観的な人は、とても健康的な食習慣を持っていた**のです。

油と砂糖をたっぷり使った食べ物は、たしかにとてもおいしいのですぐに手が出てしまいますが、そういうものはできるだけ食べないようにしましょう。

ヘルシーなものを食べていたほうが、体調もよくなりますし、楽観的にもなれます。「少しくらいの障害があっても私はうまく乗り越えられる」と明るく考えることができる人ほど、健康的な食習慣を守っています。

「理由もなく、イライラしがち」

「悲観的なことばかり考えてしまう」

「気分の変化がものすごく大きい」

そういう症状の自覚があるのなら、食習慣が乱れている可能性が高いです。お昼は毎日ラーメンを食べているとか、とんかつしか食べないとか、甘いお菓子ばかり間食してしまう、というのでは、身体だけでなく、メンタルも不調になりやすくなるのです。

食習慣を変えると、体調もよくなって、物事を明るく受け止めることができるようになります。混んだ電車の中で足を踏まれても、腹を立てたりせず、許してあげられるようになります。

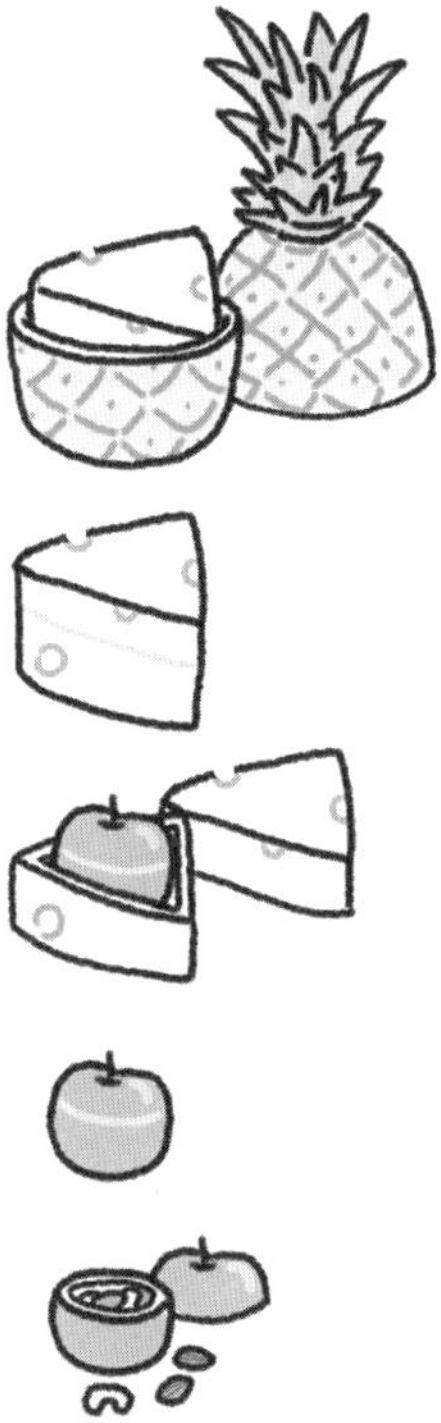

71 恋の痛みと身体の痛み

失恋をすると、「胸が痛い」とか「心が痛い」という表現をしますが、この場合の「痛い」というのは単なる形容ではなく、本当に「痛み」を伴います。

私たちの脳は、心理的な痛みと、身体的な痛みを区別しません。

ミシガン大学のイーサン・クロスは、半年以上、続いた恋愛を経験したあとに相手に振られて失恋中の人を募集しました。40名の人が条件に合ったので、その人たちに自分を振った相手の写真を持参してもらいました。

元恋人の写真を見ているときの脳の活動、また、腕に熱を与えたときの脳の活動を、機能的磁気共鳴画像法（fMRI）で調べてみると、活性化する領域はほぼ同じであることがわかりました。どちらの場合でも、痛みを司る島皮質が活性化したのです。

失恋の痛みと、身体的な痛みは脳からすれば同じ。

恋をすると、「胸が苦しい」と感じますが、それは心理的なものだけではありません。身体的にも心臓がキリキリと痛むのではないかと思います。

私たちの心と身体は密接に関係しあっているというより、ほとんど同一です。

恋愛だけでなく、ストレスもそうです。ストレスを感じていると「胸が苦しい」と感じますが、心理的にそうなるだけでなく、身体的にもそうなるのです。ですので、ストレスを感じていると、心筋梗塞や心臓発作が起きやすくなるのです。

心が原因で起きる病気は、心身症と呼ばれますが、気管支喘息、胃潰瘍、十二指腸潰瘍、高血圧、偏頭痛などさまざまな身体症状となってあらわれます。それらは**身体の病気ではあるものの、もともとの原因は心理的なもの**です。

長生きしたいのであれば、できるだけ心に負担をかけないようにしましょう。

いつでものびやかな心持ちで生活し、ストレスを溜め込まないことが重要です。ストレスは、心だけでなく、身体の免疫機能にも影響を与えますから、ストレスを感じたらすぐに解消したほうがいいのです。

私たちは、熱が出たり、のどが痛くなったり、頭が痛くなったりすると、単純に身体の病気だと思ってしまいますが、本当は心に原因があるのかもしれません。薬を飲んでも病気がなかなか治らないときには、心をリラックスさせることを考えてみてください。

72

友だちをたくさんつくろう

なんでも相談できる友だちがいることは、とてもよいことです。もし何か問題が起きても、友だちがいると思えば、そんなに怖くありません。いざとなれば自分を助けてくれるような友人をたくさんつくりましょう。

友だちがたくさんいることが、あるいは友だちがいないことが私たちの健康にどれくらい影響を与えるのかを調べた研究はたくさんありますが、米国ブリガム・ヤング大学のジュリアン・ホルト=ランスタッドは、そういう論文を１４８本も集めて、メタ分析という手法を使い、総合的な結論を導いてみました。

その結果、**友だちがいないことは、タバコを1日に15本以上吸うのと同じくらいの死亡リスク因子である**ことがわかりました。友だちがいないことは相当に健康に悪い、といってよいでしょう。

タバコを吸っていない人でも、友だちがいないというだけで1日に15本以上もタバコを吸っているのと同程度のストレスを感じてしまうのです。ちょっと怖いですね。

またホルト＝ランスタッドは、**友だちがいないことは、アルコールの過剰摂取、運動不足、肥満、ひどい大気汚染のところに住むことよりも、より強力な死亡リスク因子である**という結論を導いています。

お酒の飲みすぎや、運動不足などよりも、友だちがいないことのほうが健康に深刻な悪影響を与えるというのです。

「都会は排気ガスがひどくて健康によくない気がする」

「太りすぎで階段を上るだけで息が切れる」

そういうことも健康には影響をしますが、それよりもさらに大きな影響を与えるのが、友だちがいないこと。

空気のおいしい田舎に移住しようとか、ダイエットをしようというのも意味がないわけではありません。健康的になれることはたしかです。けれども、さらによい方法は、とにかく友だちづくり。**友だちをたくさんつくるほうが、死亡リスクを大きく減らす**ことができます。

「友だち付き合いなんて面倒くさいだけ」

「友だちなんていなくとも生きていける」

「すべての付き合いがわずらわしい」

最近では、そう思う人は多いと思います。
けれども、**人間は1人では生きていけませんし、付き合いというのはたしかに面倒なことも**
いっぱいありますが、それ以上に私たちに喜びや幸福感を与えてくれます。
ですよ。
1人で活動するのも悪くありませんが、友だちと一緒にやると、もっと楽しいと感じるはず
人間関係を面倒くさがらずに、どんな人とでも積極的に付き合ってみてください。「意外に
悪くないな」と感じるようになればしめたものです。

73

バラエティに富んだ人と付き合う

だれが言っていたのかは忘れてしまいましたが、持つべき友としては、医者や弁護士がよいようです。

お友だちに医者がいれば、病気になったときに相談できますし、何かのトラブルに巻き込まれても、弁護士の友だちがいれば助けてもらえるからです。安心した人生を送りたいのなら、友だちとして医者や弁護士はたしかによさそうですね。

この考え方は間違いではありません。

けれども、医者や弁護士に限らず、いろいろなタイプの人とお付き合いするのがよいと思います。

自分の会社の人とだけ付き合うのではなく、他業種の友だちや、趣味のサークルの友だちがいるなど、バラエティに富んだ友だちをつくりましょう。

米国ノースウェスタン大学のエレイン・チェンは、**異なるニーズに応じて、異なる人間関係を持つことの重要性**を指摘しています。

「仕事の愚痴を聞いてもらいたいときには、〇〇さん」
「楽しくお酒が飲みたいときは、〇〇さん」
「海外旅行に行くのなら、〇〇さん」

このように**バラエティに富んだ人間関係を持つようにしている人ほど、心理的に健康でいられる**のだとチェンは述べています。

友だちが1人しかいないと、愚痴を言うときも、パーっと気分転換をしたいときにも、その人にしか頼ることができません。そのため、1人の友人にすべての負担がかかってしまいます。すると友だちのほうも付き合いが大変だと思うようになり、関係が崩壊しやすくなるのです。

その点、異なるニーズに応じて人間関係を使い分けるようにすると、1人ひとりの友だちにかかる負担は分散され、付き合うのもそんなに大変だとは感じません。そのため、長い付き合いができるのです。

友だちをつくるときには、できるだけいろいろな人と付き合いましょう。

自分の交友関係のネットワークには、医者、弁護士、マスコミ関係者、学校の先生、美容師、警備員、空手の先生など、幅広い人を求めるべきです。

自分とは違った仕事の人と付き合うのは、けっこう楽しいものです。「へえ、そんなことが

あるのか！」とびっくりするような話を聞けたりもします。

いろいろな人と付き合うと、楽しさや興奮、うれしさや幸福感など、ポジティブな感情を得やすくなります。1人の友人としか付き合わないと、そういう感情は得られません。

機会があれば、積極的に友だちを増やしましょう。

友だちが増えれば増えるほど、異なるニーズに応じた付き合いができるようになります。友だちが増えると、どうしても「広く浅い」付き合いになってしまいますが、かえってそれくらいの付き合いのほうがお互いに疲れないものです。

74

「私」のことばかり話す人とは距離をとる

心理的に余裕のない人は、自分のことしか考えられません。他の人を考慮する余裕がないのです。相手がどう感じるか、どう思うかなどおかまいなしに、自分のことばかり話します。

ペンシルバニア大学のヨハネス・アイヒシュタットは、フェイスブックの「私語り」（私を語り手として書かれた文章のこと）の量で、将来うつ病になるかどうかを予測できるという研究を発表しています。

アイヒシュタットは、114名のうつ病と診断された人の半年分のフェイスブックのデータを分析してみました。すると**「私が……」「私の……」といった単語を頻繁に使っている人ほど、うつ病になりやすい傾向がある**ことが明らかにされたのです。

読者のみなさんの周りには、自分ばかりがしゃべって、こちらの話にはまったく興味を示さない人はいませんか。

「私は、昨日こんなことがあって……」

「私の彼氏ったら、いつもいつも……」

「私の会社は本当にブラックで……」

口を開けば自分のことばかり。こちらが「ところで……」と話題を変えようとしても、執拗に自分のことしかしゃべらない人がいます。

そういう人は、うつ病になりやすいタイプだと見てよろしいでしょう。

もしうつ病になり、こちらに依存されても困ってしまいますから、できればそういう人からはちょっとだけ距離を置くようにしたほうがいいかもしれません。

話しかけられたときに無視をするのもかわいそうなので、ほんの少しは話を聞いてあげてもかまいませんが、1、2分ほど話を聞いてあげたら、「あっ、そうだ、仕事が残ってた！」とつぶやいて、さっさとその場から逃げるようにしましょう。

何回かそういうことをしていれば、自分のことしか話さない人は、もっと自分の話を聞いてくれる人を探そうとします。

なんだかかわいそうだと思うかもしれませんが、仏の顔を見せてはいけません。適当なところで切り上げるようにしないと、何時間でもその人の話を聞かされるハメになります。

「私」のことしか話さない人は、性格的にもちょっと問題がある人が多いので、一緒にいるとうんざりした気分になるはず。少しずつ距離をとって離れたほうが自分のためでもあります。

あとがき

最後までお付き合いくださり、お疲れさまでした。

「まえがき」でも述べた通り、本書では「社会学」と「心理学」という2つの学問のハイブリッド（交雑種）として生まれた「社会心理学」という学問をご紹介してきました。

かなりバラエティに富んだ内容だったと思うのですが、社会心理学の研究対象はすそ野が非常に広いので、もうなんでもかんでも社会心理学になってしまうのです。そこが社会心理学のユニークなところであり、おもしろいところでしょうか。

「健康心理学」と聞けば、「なるほど健康についての学問なんだろうな」とだれでもすぐに推測できます。「犯罪心理学」と聞けば、「ふうん、犯罪を扱うんだろうな」とすぐにわかります。「交通心理学」と聞けば、「たぶん、交通事故の予防につながるような研究をしているんだろうな」ということもわかります。

ところが、「社会心理学」といわれても、多くの読者はよくわからないのではないかと思います。私も大学生のときに、初めて「社会心理学」の講義を受けたとき、「はてな?」と思った記憶があります。どんなことを学ぶのか、まったく想像できませんでした。

社会学のほうは相当に広い領域をカバーする学問ですし、心理学もそうです。その2つを混ぜ合わせてしまったのですから、これはすごいことですよ。カバーする領域の広さはまったく見当がつかないほどです。

私はかつて「社会心理学者」を名乗っておりましたが、「どんなことをやる学問なのですか?」と質問されることが多く、しかもうまく一言で説明することが難しいということもあって、今では「心理学者」と名乗るようにしています。特にビジネス関連の本を書くことが多いので「ビジネス心理学者」と名乗ることもありますが。

社会心理学がものすごく広大な領域をカバーする学問だけに、すべてを紹介することは不可能です。そこで本書ではとりあえずできるだけ最新の研究に限定し、しかも他の社会心理学者がこれまであまり紹介してこなかった研究を中心に紹介してみました。

私自身が、「これはおもしろい研究だな」と思うものを選りすぐりましたので、読者のみなさまにもご満足いただけたと思うのですが、どうでしょうか。

さて本書の執筆にあたっては日本実業出版社の編集部にお世話になりました。この場を借りてお礼を申し上げます。ありがとうございました。

また、最後になりましたが読者のみなさまにも心よりお礼を申し上げます。最後までお付き合いくださり、ありがとうございました。本書は、『すごく使える心理学テクニック』の続編にあたるものですが、もし心理学という学問に興味を持っていただけましたら、こちらもぜひお読みください。

それでは紙面もつきましたので、ここで失礼いたします。またどこかでお目にかかれることを願って筆をおきます。

内藤誼人

参考文献

Aknin, L. B., Barrington-Leigh, C. P., Dunn, E. W., Helliwell, J. F., Burns, J., Biswas-Diener, R., Kemeza, I., Nyende, P., Ashton-James, C. E.., & Norton, M. I. 2013 Prosocial spending and well-being: Cross-cultural evidence for a psychological universal. *Journal of Personality and Social Psychology*, 104, 635-652.

Algoe, S. B., Dwyer, P. C., Younge, A., & Oveis, C. 2020 A new perspective on the social functions of emotions: Gratitude and the witnessing effect. *Journal of Personality and Social Psychology*, 119, 40-74.

Anderson, C. A., Bushman, B. J., & Groom, R. W. 1997 Hot years and serious and deadly assault: Empirical tests of the heat hypothesis. *Journal of Personality and Social Psychology*, 73, 1213-1223.

Attali, Y. & Bar-Hillel, M. 2003 Guess where: The position of correct answers in multiple-choice test items as a psychometric variable. *Journal of Educational Measurement*, 40, 109-128.

Batson, C. D., Sympson, S. C., Hindman, J. L., Decruz, P., Todd, R. M., Weeks, J. L., Jennings, G., & Burns, C. T. 1996 "I've Been there, Too": Effect on empathy of prior experience with a need. *Personality and Social Psychology Bulletin*, 22, 474-482.

Bianchi, E. C., Hall, E. V., & Lee, S. 2018 Reexamining the link between economic downturns and racial antipathy: Evidence that prejudice against blacks rises during recessions. *Psychological Science*, 29, 1584-1597.

Böckler, A., Hömke, P., & Sebanz, N. 2014 Invisible man: Exclusion from shared attention affects gaze behavior and self-reports. *Social Psychological and Personality Science*, 5, 140-148.

Brambilla, M. & Riva, P. 2017 Self-image and schadenfreude: Pleasure at others' misfortune enhances satisfaction of basic human needs. *European Journal of Social Psychology*, 47, 399-411.

Brethel-Haurwitz, K. M., Cardinale, E. M., Vekaria, K. M., Robertson, E. L., Walitt, B., VanMeter, J. W., & Marsh, A. A. 2018 Extraordinary altruists exhibit enhanced self-other overlap in neural responses to distress. *Psychological Science*, 29, 1631-1641.

Brooks, A. W., Schroeder, J., Risen, J. L., & Gino, F., Galinsky, A D., Norton M. I., & Schweitze, M. E. 2016 Don't stop believing: Rituals improve performance by decreasing anxiety. *Organizational Behavior and Human Decision Processes*, 137, 71-85.

Bruze, G. 2011 Marriage choices of movie stars: Does spouse's education matter? *Journal of Human Capital*, 5, 1-28.

Camerer, C., Issacharoff, S. Loewenstein, G., O'Donoghue, T., & Rabin, M. 2003 Regulation for conservatives: Behavioral economics and the case for "Asymmetric Paternalism." *University of Pennsylvania Law Review*, 151, 1211-1254.

Chancellor, J., Margolis, S., & Lyubomirsky, S. 2018 The propagation of everyday prosociality in the workplace. *The Journal of Positive Psychology*, 13, 271-283.

Cheung, E. O., Gardner, W. L., & Anderson, J. F. 2015 Emotionships: Examining people's emotion-regulation relationships and their consequences for well-being. *Social Psychological and Personality Science*, 6, 407-414.

Choudhry, N. K., Fletcher, R. H., & Soumerai, S. B. 2005 Systematic review: The relationship between clinical experience and quality of health care. *Annals of Internal Medicine*, 142, 260-273.

Church, R .B., Garber, P., & Rogalski, K. 2007 The role of gesture in memory and social communication. *Gesture*, 7, 137-158.

Clarke, J.S., Cornelissen, J.P., & Healey, M. P. 2019 Actions speak louder than words: How figurative language and gesturing in entrepreneurial pitches influences investment judgments. *Academy of Management Journal*, 62, 335-360.

Conley, T. D., Collins, B. E., & Garcia, D. 2006 Perceptions of

women condom proposers among Chinese Americans, Japanese Americans, and European Americans. *Journal of Applied Social Psychology*, 30, 389-406.

Cowan, B. W. 2011 Forward-thinking teens: The effects of college costs on adolescent risky behavior. *Economics & Education Review*, 30, 813-825.

Cuddy, L. L., Balkwill, L. L., Peretz, I., & Holden, R. R. 2005 Musical difficulties are rare: A study of "tone deafness" among university students. *Annals of the New York Academy of Sciences*, 1060, 311-324.

Dai, H., Milkman, K. L., Hofmann, D. A., & Staats, B. R. 2015 The impact of time at work and time off from work on rule compliance: The case of hand hygiene in health care. *Journal of Applied Psychology*, 100, 846-862.

Darden, A. J. & Rutter, P. A. 2011 Psychologists' experiences of grief after client suicide: A qualitative study. *Omega-Journal of Death and Dying*, 63, 317-342.

Diener, E., & Crandall, R. 1979 An evaluation of the Jamaican anticrime program. *Journal of Applied Social Psychology*, 9, 135-146.

Eichstaedt, J. C., Smith, R. J., Merchant, R. M., Ungar, L. H., Crutchley, P., Preoţiuc-Pietro, D., Asch, D. A., & Schwartz, H. A. 2018 Facebook language predicts depression in medical records. *Proceedings of the National Academy of Sciences*, 115, 11203-11208.

Ericsson, K. A., Whyte, J., & Ward, P. 2007 Expert performance in nursing. Reviewing research on expertise in nursing within the framework of the expert-performance approach. *Advances in Nursing Science*, 30, E58-E71.

Eskreis-Winkler, L. & Fishbach, A. 2019 Not learning from failure-the greatest failure of all. *Psychological Science*, 30, 1733-1744.

Estrada, C. A., Isen, A. M., & Young, M. J. 1997 Positive affect facilitates integration of information and decreases anchoring in reasoning among physicians. *Organizational Behavior*

and Human Decision Processes, 72, 117-135.

Gelfand, M. J., et al. 2011 Differences between tight and loose cultures: A 33-nation study. *Science*, 332, 1100-1104.

Gould van Praag, C. D., Garfinkel, S. N., Sparasci, O., Mees, A., Philippides, A. O., Ware, M., Ottaviani, C., & Critchley, H. D. 2017 Mind-wandering and alterations to default mode network connectivity when listening to naturalistic versus artificial sounds. *Scientific Reports*, 7, 45273. Doi:10.1038/srep45273.

Graff, K. A., Murnen, S. K., & Krause, A. K. 2013 Low-cut shirts and high-heeled shoes: Increased sexualization across time in magazine depictions of girls. *Sex Roles*, 69, 571-582.

Grant, A. M. & Hofmann, D. A. 2011 It's not all about me: Motivating hand hygiene among health care professionals by focusing on patients. *Psychological Science*, 22, 1494-1499.

Guéguen, N., Jacob, C., Lourel, M., & Pascual, A. 2012 When drivers see red: Car color frustrations and drivers' aggressiveness. *Aggressive Behavior*, 38, 166-169.

Hanniball, K. B., Aknin, L. B., Douglas, K. S., & Viljoen, J. L. 2019 Does helping promote well-being in at-risk youth and ex-offender samples? *Journal of Experimental Social Psychology*, 82, 307-317.

Harrington, J. R. & Gelfand, M. J. 2014 Tightness-looseness across the 50 united states. *Proceedings of the National Academy of Sciences*, 111, 7990-7995.

Henderson, J. V., Storeygard, A., & Weil, D. N. 2012 Measuring economic growth from outer space. *American Economic Review*, 102, 994-1028.

Hoen, P. W., Denollet, J., de Jonge, P., & Whooley, M. A. 2013 Positive affect and survival in patients with stable coronary heart disease: Findings from the heart and soul study. *Journal of Clinical Psychiatry*, 74, 716-722.

Holt-Lunstad, J., Smith, T. B., & Layton, J. B. 2010 Social relationships and mortality risk: A meta-analytic review. *PLoS*

Medicine, 7, e1000316.

Hornsey, M. J., Grice, T., Jetten, J., Paulsen, N., & Callan, V. 2007 Group-directed criticisms and recommendations for change: Why newcomers arouse more resistance than old-timers. *Personality and Social Psychology Bulletin*, 33, 1036-1048.

Huston, T. L., Ruggiero, M., Conner, R., & Geis, G. 1981 Bystander intervention into crime: A study based on naturally-occurring episodes. *Social Psychology Quarterly*, 44, 14-23.

Ironson, G., Stuetzle, R., Ironson, D., Balbin, E., Kremer, H., George, A., Schneiderman, N., & Fletcher, M. A. 2011 View of God as benevolent and forgiving or punishing and judgmental predicts HIV disease progression. *Journal of Behavioral Medicine*, 34, 414-425.

Jennings, J. D., Ciaravino, S. G., Ramsey, F. V., & Haydel, C. 2016 Physicians' attire influences patients' perceptions in the urban outpatient orthopaedic surgery setting. *Clinical Orthopaedics and Related Research*, 47, 1908-1918.

Joshi, P. D. & Wakslak, C. J. 2014 Communicating with the crowd: Speakers use abstract messages when addressing larger audiences. *Journal of Experimental Psychology: General*, 143, 351-362.

Kaczmarek, L. D., Behnke, M., Kashdan, T. B., & Kusiak, A. M. 2018 Smile intensity in social networking profile photographs is related to greater scientific achievements. *The Journal of Positive Psychology*, 13, 435-439.

Kelloniemi, H., Ek, E., & Laitinen, J. 2005 Optimism, dietary habits, body mass index and smoking young Finnish adults. *Appetite*, 45, 169-176.

Kross, E., Berman, M. G., Mischel, W., Smith, E. E., & Wager, T. D. 2011 Social rejection shares somatosensory representations with physical pain. *Proceedings of the National Academy of Sciences*, 108, 6270-6275.

Lang, M., Krátký, J., Shaver, J. H., Jerotijević, D., & Xygalatas, D. 2015 Effects of anxiety on spontaneous ritualized behavior. *Current Biology*, 25, 1892-1897.

Leigh, T., DeCarlo, T. E., Allbright, D., & Lollar, J. G. 2014 Salesperson knowledge distinctions and sales performance. *Journal of Personal Selling and Sales Management*, 34, 123-140.

Loftin, C., McDowall, D., Wiersema, B., & Cottey, T. J. 1991 Effect of restrictive licensing of handguns on homicide and suicide in the district of Columbia. *The New England Journal of Medicine*, 325, 1615-1620.

Maass, A., Suitner, C., Favaretto, X., & Cignacchi, M. 2009 Groups in space: Stereotypes and spatial agency bias. *Journal of Experimental Social Psychology*, 45, 496-504.

Malmendier, U. & Nagel, S. 2011 Depression babies: Do macroeconomic experiences affect risk-taking? *The Quarterly Journal of Economics*, 126, 373-416.

Mani, A., Mullainathan, S., Shafir, E., & Zhao, J. 2013 Poverty impedes cognitive function. *Science*, 341, 976-980.

Matsumoto, D., & Willingham, B. 2009 Spontaneous facial expressions of emotion of congenitally and noncongenitally blind individuals. *Journal of Personality and Social Psychology*, 96, 1-10.

McCann, S. J. H. 1990 Threat, power, and presidential greatness: Harding to Johnson. *Psychological Reports*, 66, 129-130.

McCarthy, N., Collins, D., & Court, D. 2016 Start hard, finish better: Further evidence for the reversal of the RAE advantage. *Journal of Sports Sciences*, 34, 1461-1465.

Moulton, C. A. E., Dubrowski, A., MacRae, H. M., Graham, B., Grober, E., & Reznick, R. 2006 Teaching surgical skills: What kind of practice makes perfect?: A randomized, controlled trial. *Annals of Surgery*, 244, 400-409.

Nelson, S. K., Kushlev, K., & Lyubomirsky, S. 2014 The pains and pleasures of parenting: When, why, and how is parenthood associated with more or less well-being? *Psychological Bulletin*, 140, 846-895.

Oreopoulos, P. & Salvanes, K. G. 2011 Priceless: The nonpecuni-

ary benefits of schooling. *Journal of Economic Perspectives*, 25, 159-184.

Page-Gould, E., Mendoza-Denton, R., & Tropp, L. R. 2008 With a little help from my cross-group friend: Reducing anxiety in intergroup contexts through cross-group friendship. *Journal of Personality and Social Psychology*, 95, 1080-1094.

Park, S. & Catrambone, R. 2007 Social facilitation effects of virtual humans. *Human Factors*, 49, 1054-1060.

Pound, J. & Zeckhauser, R. 1990 Clearly heard of the street: The effect of takeover rumors on stock prices. *The Journal of Business*, 63, 291-308.

Quoidbach, J. & Dunn, E. W. 2013 Give it up: A strategy for combating hedonic adaptation. *Social Psychological and Personality Science*, 4, 563-568.

Rosenfeld, M., Thomas, R. J., & Hausen, S. 2019 Disintermediating your friends: How online dating in the United States displaces other ways of meeting. *Proceedings of the National Academy Sciences*, 116, 17753-17758.

Roxburgh, S. 2004 "There just aren't enough hours in the day": The mental health consequences of time pressure. *Journal of Health and Social Behavior*, 45, 115-131.

Ruberton, P. M., Gladstone, J., & Lyubomirsky, S. 2016 How your bank balance buys happiness: The importance of "Cash on hand" to life satisfaction. *Emotion*, 16, 575-580.

Sanchez, X., Lambert, P., Jones, G., & Llewellyn, D. J. 2012 Efficacy of pre-ascent climbing route visual inspection in indoor sport climbing. *Scandinavian Journal of Medicine and Science in Sports*, 22, 67-72.

Schoenfeld, J. D. & Ioannidis, J. P. A. 2013 Is everything we eat associated with cancer? A systematic cookbook review. *American Journal of Clinical Nutrition*, 97, 127-134.

Sevincer, A. T., Wagner, G., Kalvelage, J., & Oettingen, G. 2014 Positive thinking about the future in newspaper reports and presidential addresses predicts economic downturn. *Psycho-*

logical Science, 25, 1010-1017.

Sicherman, N., Loewenstein, G., Seppi, D. J., & Utkus, S. P. 2015 Financial attention. *The Review of Financial Studies*, 29, 863-897.

Sinning, M. & Worner, S. 2010 Inter-ethnic marriage and partner satisfaction. *Ruhr Economic Papers*, no.221.

Stack, S. 2000 Media impacts on suicide: A quantitative review of 293 findings. *Social Science Quarterly*, 81, 957-971.

Stack, S., & Gundlach, J. 1992 The effect of country music on suicide. *Social Forces*, 71, 211-218.

Straus, M. A., Sugarman, D. B., & Giles-Sims, J. 1997 Spanking by parents and subsequent antisocial behavior of children. *Archives of Pediatrics and Adolescent Medicine*, 151, 761-767.

Talhelm, T., Zhang, X., Oishi, S., Shimin, C., Duan, D., Lan, X., & Kitayama, S. 2014 Large-scale psychological differences within China explained by rice versus wheat agriculture. *Science*, 344, 603-608.

Tonietto, G. N. & Malkoc, S. A. 2016 The calendar mindset: Scheduling takes the fun out and puts the work in. *Journal of Marketing Research*, 53, 922-936.

Tybout, A. M., Calder, B. J., & Sternthal, B. 1981 Using information processing theory to design marketing strategies. *Journal of Marketing Research*, 18, 73-79.

Van Osch, Y., Zeelenberg, M., & Breugelmans, S. M. 2016 On the context dependence of emotion displays: Perceptions of gold medalists' expressions of pride. *Cognition and Emotion*, 30, 1332-1343.

Van Hedger, S. C., Nusbaum, H. C., Clohisy, L., Jaeggi, S. M., Buschkuehl, M., & Berman, M.. G. 2019 Of cricket chirps and car horns: The effect of nature sounds on cognitive performance. *Psychonomic Bulletin and Review*, 26, 522-530.

Vosoughi, S., Roy, D., & Arai, S. 2018 The spread of true and false news online. *Science*, 359(6380), 1146-1151.

Yeager, D. S., Henderson, M. D., Paunesku, D., Walton, G. M., D'Mello, S., Spitzer, B. J., & Duckworth, A. L. 2014 Boring but important: A self-transcendent purpose for learning fosters academic self-regulation. *Journal of Personality and Social Psychology*, 107, 559-580.

Young, J. L. & James, E. H. 2001 Token majority: The work attitudes of male flight attendants. *Sex Roles*, 45, 299-319.

Wansink, B., Payne, C. R., & Just, D. R. 2012 Can branding improve school lunches? *Archives of Pediatrics & Adolescent Medicine*, 166, 967-968.

Ward, P., Ericsson,K. A., & Williams, A. M. 2013 Complex perceptual-cognitive expertise in a simulated task environment. *Journal of Cognitive Engineering and Decision Making*, 7, 231-254.

Werner, C. M., Peterson-Lewis, S., & Brown, B. B. 1989 Inferences about homeowners' sociability: Impact of Christmas decorations and other cues. *Journal of Environmental Psychology*, 9, 279-296.

Woolley, K. & Fishbach, A. 2019 Shared plates, shared minds: Consuming from a shared plate promotes cooperation. *Psychological Science*, 30, 541-552.

内藤誼人（ないとう　よしひと）
心理学者。立正大学客員教授。有限会社アンギルド代表。慶應義塾大学社会学研究科博士課程修了。社会心理学の知見をベースに、心理学の応用に力を注ぎ、ビジネスを中心とした実践的なアドバイスに定評がある。
『すごく使える心理学テクニック』（日本実業出版社）、『心理学BEST100』（総合法令出版）、『人も自分も操れる！　暗示大全』（すばる舎）、『気にしない習慣』（明日香出版社）、『人に好かれる最強の心理学』（青春出版社）など、著書多数。

すぐに実践《じっせん》したくなる
すごく使《つか》える社会心理学《しゃかいしんりがく》テクニック

2024年6月20日　初版発行

著　者　内藤誼人
発行者　杉本淳一

発行所　株式会社日本実業出版社　東京都新宿区市谷本村町3−29 〒162-0845
編集部　☎03-3268-5651
営業部　☎03-3268-5161　振　替　00170−1−25349
https://www.njg.co.jp/

印刷／壮光舎　製本／共栄社

ISBN 978-4-534-06109-6　Printed in JAPAN